Ursula Krechel

Schlüssel, Pass, Fluchtboot | Key, Passport, Escape Boat

Vienna Public History Lectures

Herausgegeben von Marko Demantowsky
in Zusammenarbeit mit der
Historisch-Kulturwissenschaftlichen Fakultät der
Universität Wien

Band | Volume 2

Ursula Krechel

Schlüssel, Pass, Fluchtboot | Key, Passport, Escape Boat

Eine Handreichung zur Geschichte der Migration und Remigration |
A Guide on the History of Migration and Remigration

DE GRUYTER
OLDENBOURG

Übersetzung ins Englische von Sarah Ritt (Wien)
Redaktionsassistenz: Klara Valentina Fritz (Wien)

ISBN 978-3-11-914634-0
e-ISBN (PDF) 978-3-11-221021-5
e-ISBN (EPUB) 978-3-11-221054-3
ISSN 2940-7222

Library of Congress Control Number: 2025941544

Bibliografische Information der Deutschen Nationalbibliothek
Die Deutsche Nationalbibliothek verzeichnet diese Publikation in der Deutschen Nationalbibliografie; detaillierte bibliografische Daten sind im Internet über http://dnb.dnb.de abrufbar.

The Deutsche Nationalbibliothek lists this publication in the Deutsche Nationalbibliografie; detailed bibliographic data are available on the Internet at http://dnb.dnb.de.

Einbandabbildung | Cover image: [M] Britta Zwarg [Font] Glass Antiqua by Denis Masharov
Satz | Typesetting: bsix information exchange GmbH, Braunschweig
Druck und Bindung | Printing and binding: CPI books GmbH, Leck

www.degruyterbrill.com
Fragen zur allgemeinen Produktsicherheit:
productsafety@degruyterbrill.com

MIX
Papier | Fördert gute Waldnutzung
FSC® C083411

Über die Reihe

Ein paar wenige Worte zu dieser Veranstaltungsreihe der „Vienna Public History Lectures", die dieser mit dem vorliegenden Band fortgesetzten Schriftenreihe ihren Namen gibt.

Die Historisch-kulturwissenschaftliche Fakultät der Universität Wien und ihr Arbeitsbereich für ‚Public History' laden nur einmal im Jahr, und zwar zu Beginn des sonst oft „traurigen Monat November", in den Großen Festsaal der Universität ein. Es sollen hier gern jedes Jahr ein paar Lichter in der heraufziehenden Dunkelheit des Wintersemesters angesteckt, akademisch ungewohnte und dennoch intellektuelle Töne zu Gehör gebracht werden. Weniger soll es hier wissenschaftlich diszipliniert und schubladitionär wohlgeordnet zugehen. Tür und Tor geöffnet der geistigen Grenzgängerey! Vielleicht blitzt hier wieder etwas von der guten und hoffentlich lebendigen Idee Europas auf: uneingeschränkte Freizügigkeit für Arbeitnehmerinnen und Arbeitnehmer des Denkens und pauschale Legalisierung aller sonstigen Konterbande akademischer Reputation, freundliche Bewillkommnung des Fremden zur Bereicherung des Alltäglichen und Vertrauten.

Thematisch richtet sich diese Offenheit auf das, was ‚Public History' genannt wird, den, einfach umschrieben, öffentlichen Umgang mit Geschichte. Dieser öffentliche Umgang mit Geschichte hat selbst eine Geschichte und erzeugt selbst immer wieder Geschichten, die sich wirksam machen und deren Herkunft in aller Regel ebenso unerkannt wie unbedacht bleibt. Die „Vienna Public History Lectures", die sich bewusst an eine interessierte Öffentlichkeit wenden, die keineswegs nur streng akademisch ist, bemühen sich darum, Persönlichkeiten zur Sprache zu bringen, die durch ihre Schriften immer wieder bewiesen haben, wie alltäglich, wie bedeutsam und meist unsichtbar diese Geschichtsgeschichten in unser aller Leben bleiben. Eingeladen werden Grenzgängerinnen und Grenzgänger zwischen Forschung und Poesie, Wissenschaft und Literatur, zwischen freiem Beruf und akademischem Amt. Diese Reihe nimmt sich vor, die disziplinären Grenzen der historisch-kulturwissenschaftlichen Fächergruppe nach innen und außen zu überwinden. Sie ist eine Einladung ins gemeinsame öffentliche Gespräch und Nachdenken aller Interessierten.

https://doi.org/10.1515/9783112210215-201d

Inhaltsverzeichnis

Marko Demantowsky

Nach Macedonia, von Böhmen. Zur Einleitung

Ihn trennten nur noch Monate von seinem Tod als sich Marcus Tullius Cicero anschickte, umfassender über ein gutes Leben und Lebensende nachzudenken. Zum Schluss des letzten Buches seiner *Tusculanae Disputationes* beschäftigt ihn das Problem des richtigen Nachdenkens über unfreiwillige Migration. Er schreibt:

> „Wenn man also die Ehre und auch das Geld verachtet, was bleibt noch, was man fürchten müsste? Die Verbannung, glaube ich, die man zu den größten Übeln zählt. (...) Wenn es ein Unglück bedeutet, der Heimat [patria, MD] fern zu sein, dann sind die Provinzen voll von Unglücklichen, von denen nur ganz wenige in ihre Heimat zurückkehren. (...) Wie sehr unterscheidet sich [aber] die Verbannung, wenn wir auf das Wesen der Dinge und nicht auf die Schande, die in dem Begriff liegt, schauen, von einer langen andauernden Reise? Damit verbrachten sehr angesehene Philosophen ihr Leben, ... die, einmal fortgegangen, niemals mehr nach Hause zurückkehrten. Kann die Verbannung dem Weisen überhaupt Schande bereiten?“ (V, 37)[1]

Man ersetze den Begriff der Verbannung durch den der Flucht, was durchaus möglich sein sollte, denn gelungene Flucht (als Schande betrachtet von vielen) ist doch oft nichts anderes als wohlweislich selbstvollstreckte Verbannung (im Falle Cicero war es im wörtlichen Sinne so), so schillert dieses stoische Nachdenken Ciceros auf eine aufregende Weise.

Es ist daran wieder einmal zu erkennen, dass es unsere oft inadäquat verfestigten Begriffe sind, die unsere Anschauung zum Denken und Urteilen bringen, dass also die Nichtselbstverständlichmachung unseres Begreifens und damit auch der still mitgelieferten schlechten Vorurteile hilfreich dabei sein kann, gemeinsame Erfahrung dort zu erkennen, wo zuvor nur Differenzempfinden und Fremdheit war.

Cicero, der selber über anderthalb Jahre zur unfreiwilligen Migration gezwungen worden war, unternimmt diese Verflüssigung zur Tröstung. Der letzte Satz der Disputationes spricht aber von der Unaufhebbarkeit des persönlichen Traumas. Es ließe sich, so schreibt er, „für unsere bitteren Schmerzen und für die

1 In der Übersetzung von Ernst Alfred Kirfel.

https://doi.org/10.1515/9783112210215-001d

verschiedenen Kümmernisse, die uns von allen Seiten bedrängen, keine andere Linderung finden.“ (V, 41)

Erzählen und reflektieren hilft also, um die Fremde zu bewältigen, in die man geworfen ist, folgen wir jedenfalls dem leidgeprüften und glänzenden Stoiker. Jedenfalls lässt sich bisher keine andere Linderung finden.

Wir wechseln den Schauplatz. Ein kleines westböhmisches Streudorf, den Kamm des Grenzgebirges (Český les) kann man bei klarem Wetter erkennen. Es war kein sonderlich fruchtbares Land in dieser Gegend und auch kein besonders freundliches Klima. Der „böhmische Wind“ war und ist berüchtigt, wenn sich in nicht seltener Wetterlage die Kaltluft des böhmischen Beckens plötzlich über die Kämme des Erzgebirges und des Oberpfälzer Waldes ergießt. Die Bauernhöfe brauchten also Land und Abstand zur Erhaltung ihrer Bewohner. Deshalb gruppierten sich die Höfe von alters her locker um das Herz der Siedlung. Die Pfarrkirche mit ihrer Katharinenkappelle datieren Kundige auf das 12. Jahrhundert, das Alter des Ortes selbst kann bis heute niemand zuverlässig bestimmen. Niemand weiß, so weit zu sehen, ob es hier auch eine vorchristliche Ansiedlung gab, die relativ geschützte Lage auf einer leichten Anhöhe, umgeben von den abfallenden Äckern lässt die Annahme zu. Das Dorf wechselte seine Besitzer häufig: Klöster und lokale Adelsfamilien nutzten es als Wechselgeld ihrer Geschäfte.

Dann pflügte der sogenannte Dreißigjährige Krieg mehrfach über das Dorf und unter seinen Bewohnern. Die alte Magistrale zwischen Nürnberg und Prag, die *gulden straß*, lag nicht weit, es lag nur ein Waldstück dazwischen. Es war Fouragierdistanz für die Truppen und Plünderdistanz für alle mit Klinge oder Schießeisen ausgerüsteten. Die normalen Schrecken. Die Ödnis des Krieges blieb nach dessen Ende nicht lange unbesiedelt. Seit dieser Zeit wurde in den neuen Kirchenbüchern von einer Familie Heller Notiz genommen. War sie in den Kriegswirren dorthin verschlagen worden, hatten sie überlebt? Wir wissen es nicht. Es waren jedenfalls arme Leute, Habenichtse, die über Jahrhunderte im Dorf blieben und zu nichts kamen als ihren kärglichen Leben. Häusler, Köbler. Die Generationen kannten Glück und mehr noch das Leid. Die Männer verdingten sich durchgehend als Gemeindehirten, Landarbeiter, Flurwächter. Die Frauen starben im Kinderbett oder an Auszehrung. Nur sehr wenige Kinder überlebten ihr erstes Jahr.

Zwei k. u. k. Zensus zeigen uns in der zweiten Hälfte des 19. Jahrhunderts die Familie Heller in offenbar etwas verbesserten Verhältnissen in einem Häuschen mit Garten und mit vielen Kindern. Das Familienoberhaupt, der schon 53-jährige Wenzel hat im Jahr 1900 aber trotzdem genug der Kärglichkeit. Er hatte gehört von den unbegrenzten Möglichkeiten in der 400 Kilometer entfernten Reichsmetropole. Nach Jahrhunderten in der engen dörflichen Welt der fragilen Lebenserhaltung geht es an einem Tag mit Sack und Pack und Kind und Kegel los, und man kommt in der Brigittenau heraus, einem billigen, feuchten Stadtrandgebiet der

Reichshauptstadt. Das Geld reicht für eine Wohnung und einen Fiaker. Mit diesem fährt Wenzel los – wie Jim Jarmushs Figur des Helmut Grokenberger mit dem Taxi in New York.

Einer von Wenzels Söhnen, Anton, hatte sich aber noch im tiefen Böhmen in Margarete verliebt, ein Mädchen aus dem Nachbardorf. Man hielt Kontakt, schrieb Briefe und 1907 ging er dorthin, Wien verlassend, wohin die Familie seiner Geliebten gegangen war: nach Norden, nach Sachsen, übers Erzgebirge. Die spätere Tochter von Anton und Margarete hielt Kontakt, nicht in die böhmischen Dörfer, aber nach Wien. Sie hieß Charlotte. 1942 besuchte sie in der Brigittenau ihre Onkel, Tanten und Cousinen. Denn Ihr Mann lag verwundet vom „Fleischwolf von Rschew" im Allgemeinen Krankenhaus, dem AKH, dort, wo jetzt die Büros der universitären Zeitgeschichte sind. Ihrem Enkel hat diese Charlotte viel von Wien erzählt, dann später, in der DDR. Als es diesen Enkel noch später nach Wien verschlug, stellt er nach einer Weile erschüttert fest, dass er keine 300 Meter Luftlinie von dem Haus entfernt wohnte, in das Wenzel und die Seinen vor so vielen Jahren gezogen waren.

Solche Geschichten tragen wir mit uns herum. Das Beste, was wir machen können, ist, so Cicero, über sie nachzudenken und sie zu erzählen. Helfen tut das aber alles nichts. Überall abgetrennte Lebensfäden.

Ursula Krechel veröffentlicht Gedichte in eigenen Bänden seit dem Jahr des *Deutschen Herbstes*, Romane und Erzählungen seit der Wahl Ronald Reagans zum US-Präsidenten, mit einem Theaterstück fing es an im Jahre des Putsches gegen die Regierung Salvador Allendes, und ihre Essays begleiten uns seit dem Jahr als meine Mutter morgens begann, mich in die Krippe zu radeln. Wie viele Akademien haben sie in ihre Reihe berufen? Sehr viele. Unsere diesjährige Autorin der *Vienna Public History Lectures* ist promovierte Germanistin, und sie steht exemplarisch für die Art von Persönlichkeiten, die wir uns einmal im Jahr nach Wien zur *Vienna Public History Lecture* einladen: intellektuelle Grenzgängerinnen zwischen Poesie und Wissenschaft.

In einem im Jahre 2010 veröffentlichten Gedicht[2] schrieb sie:

„Hinter jedem Hügel eine Verwerfung
Maulwurfshügel, in denen die Erdwärme sich ballt
Eine Erdspannung, die kaum auszuhalten ist
Landschaft, die einen Witwenschleier trägt
Und darunter, wer will es denn wissen
Abschied auf Nimmerwiedersehen und ein Driften

2 Krechel, Ursula. „Daß es einmal so über dich käme". In *Die da. Ausgewählte Gedichte*, 78. Salzburg: Jung und Jung, 2013.

In eine unstatthafte Namenlosigkeit.
Durch Schall und durch Erschütterung der Membrane:
Ramponierte Wahrnehmung, in den Sand gesetzte Zeichen“

Davon lässt sich in diesem Büchlein mehr lesen. Und vielleicht kann solcher Text wieder etwas zusammenweben, was heutzutage oft abgerissen bleibt.

Ursula Krechel

Schlüssel, Pass, Fluchtboot

Eine Handreichung zur Geschichte der Migration und Remigration

1

Achtung! Hier kommen die Auswanderer, die im Bauch der Dampfer in die Neue Welt reisten. Niemand hat auf sie gewartet, während sie sich nichts anderes wünschten als *a better life*; ein Fluchtgrund, der gegenwärtig denunziert wird, als wäre er eine Zumutung, ja schon fast unsittlich.

Das Nadelöhr: Ellis Island, die Sandbank vor New York in der Hudson-Mündung, auf der die amerikanische Einwanderungsbehörde ihre Zelte aufgeschlagen hatte. Zelte – nein, riesige Hallen, Korridore mit Büros, Waschräumen, Speisesälen, durch die zwölf Millionen Menschen geschleust wurden, die meisten zwischen 1892 und 1914. Nach dem *Immigration Act* von 1882[1] durften keine potenziell kriminellen, keine psychisch gestörten, keine körperlich behinderten Menschen einreisen. Und schon im selben Jahr war noch ein zweites Gesetz erlassen worden, der *Chinese Exclusion Act*, der die Einreise von Chinesen verbot.[2] Es war eine eindeutig rassistische Maßnahme; die Regierung fürchtete, dass diese Immigranten Arbeitsplätze „stehlen" würden. Die Einwanderer hatten unter jämmerlichen Bedingungen mit unzureichender Verpflegung in der 3. Klasse im „Zwischendeck", das in Wirklichkeit der Laderaum war, die Überfahrt hinter sich gebracht. Manche mussten nur ein paar Stunden auf Ellis Island bleiben, andere monatelang, wieder andere wurden zurückgeschickt ins Unwägbare. Passagiere der 1. und der 2. Klasse mussten die Prozedur nicht durchlaufen; sie wurden auf dem Schiff untersucht und abgefertigt. Der Lärm, der Gestank, die vibrierende Aufregung mussten in den riesigen Hallen von Ellis Island unbeschreiblich gewesen sein. Die Hauptregistrationshalle wurde auch Tierpark genannt: Gitter, Gatter, Gänge hinter Drahtzäunen, die die von der Überfahrt erschöpften Auswanderer zusammenpferchten in einer rigiden Ordnung. Menschen aus verschiedenen Nationen wurden in Kategorien eingeteilt, die ihnen verborgen blieben, und an der Stirnseite hing eine große amerikanische Flagge. Eine lange Liste von Fragen war mit Hilfe von Dolmetschern an einem der *legal desks* zu beantworten. Wer hat

1 An Act to regulate Immigration, Pub. L. 47–376 (1882). https://www.congress.gov/47/plaws/statute/c47s1ch376.pdf (zuletzt am 4.2.2025).

2 An Act to execute certain treaty stipulations relating to Chinese, Pub. L. No. Pub. L. 47–126 (1882). https://www.congress.gov/47/plaws/statute/c47s1ch126.pdf (zuletzt am 4.2.2025).

https://doi.org/10.1515/9783112210215-002d

Ihre Überfahrt bezahlt? Haben Sie Freunde? Haben Sie hier Familie? Gibt es jemanden, der für Sie bürgen kann? Sind Sie Anarchist? Sanitätsoffiziere prüften die Menschen nach Augenschein. Wenn ihnen jemand verdächtig erschien, zeichneten sie ihm einen Buchstaben auf die Schulter:

C Tuberkulose
E Augen
F Gesicht
H Herz
K Bruch
L Hinken
SC Kopfhaut
TC Trachom
X Geistesschwäche

Abb. 1: U. S. Inspektoren untersuchen die Augen von Einwanderern, Ellis Island, New York Harbor 1913. Underwood & Underwood, Publishers, c1913, https://www.loc.gov/item/97501532/, Public Domain

Seit 1914 verringerte sich infolge des Krieges die Zahl der Einwanderer, auch wegen Diskriminierungsbeschlüssen. Die amerikanische Dichterin Emma Lazarus hatte 1883 die geplante Freiheitsstatue im Blick, als man noch im Stadium des Fundraising für den Bau war, und sie machte diese zum Gegenstand eines berühmten Sonetts: *The New Colossus*[3]. Sie bezog sich damit auf den Koloss von Rho-

3 Lazarus, Emma. „The New Colossus". In *The Oxford Book of American Poetry*, ed. by David Lehman, rev. ed., 2., 184. Oxford: Oxford University Press, 2006.

dos, eines der sieben Weltwunder, eine gewaltige antimperialistische Geste. Doch die Freiheitsstatue ist eine *weibliche* Figur, mütterlich empfangend, willkommen heißend. Emma Lazarus schreibt Geschichte um, gibt der amerikanischen Nation einen (vorgelagerten) doppelten Blick: Die Ankommenden sehen die gewaltige Statue, und die Statue sieht *the wretched refuse* – den elenden Auswurf – und wendet sich an die heimatlos Gewordenen. Emma Lazarus spielt so auf die dauernde Diskriminierung der Ankommenden an. Sie selbst, obwohl sephardischer Herkunft, setzte sich besonders für die russisch-jüdischen Immigranten ein, die vor der verzweiflungsvollen Armut und den dauernden Pogromen geflüchtet waren.

Ab 1917 wurde in Ellis Island auch geprüft, ob die Einwanderer in ihrer Muttersprache lesen und schreiben konnten. Seit 1924 regelten die amerikanischen Konsulate die Einwanderungsformalitäten. Das kommt uns bekannt vor, seit die EU Flüchtlinge außerhalb ihrer Grenzen abzufertigen versucht und die Prüfung ihrer Asylgründe Drittstaaten überlassen will. Die kleine Insel wurde zur Haftanstalt für diejenigen, deren Papiere nicht ausreichend waren. Ellis Island steht gewissermaßen für eine industrielle Lenkung der Einwandererströme, für einen vorläufigen Fordismus, zeit- und platzsparend, überaus effizient. Manche der alten Fotografien lassen an Schlachthöfe in Chicago denken. Heute ist Ellis Island eine Touristenattraktion, eine Gedenkstätte mit einem Museum. Für 75 US-Dollar kann man eine Hard Hat Tour (also eine Tour mit Schutzhelmen) buchen, die einen Besuch von *Liberty Island* mit der Freiheitsstatue und auch der nicht restaurierten Teile des Krankenhaus-Komplexes einschließt. Vorsicht, für Menschen mit Behinderung nicht geeignet!

Im Jahr 1978 waren Robert Bober und Georges Perec mit der Absicht, einen Film zu drehen, nach Ellis Island gereist, und daraus ist ein Buch mit vielfältigen bewegenden Zeugnissen von Menschen entstanden, die sich an ihre Ankunft zwischen Hoffen und Bangen erinnern: „... auf das eine Ende des Fließbandes stellt man einen Iren, einen ukrainischen Juden oder einen Italiener aus Apulien, und am anderen Ende kommt – nach Untersuchung der Augen, Untersuchung der Tränensäcke, Impfung und Desinfektion – ein Amerikaner heraus“[4], schreiben Robert Bober und Georges Perec.

Robert Bober wurde 1931 in Berlin als Kind jüdischer Eltern geboren, die aus Polen kamen. Seine Eltern flohen 1933 nach Frankreich, und er überlebte im Schatten der Shoah. Nach dem Krieg arbeitete er als Erzieher traumatisierter Kinder, derer Eltern deportiert worden waren und schrieb darüber ein beeindru-

4 Perec, Georges und Robert Bober. *Geschichten von Ellis Island oder Wie man Amerikaner macht.* Übersetzt von Eugen Helmlé, 11. Berlin: Wagenbach, 1997.

ckendes Buch: *Berg und Beck.*[5] Der Erzähler wendet sich in Briefen an einen früheren Mitschüler, der als Siebenjähriger ermordet wurde. In seiner filmischen und schriftstellerischen Arbeit forscht Bober beharrlich nach der Abwesenheit: der Abwesenheit derer, die deportiert und getötet wurden. Die Flucht in die USA, der Neubeginn der Entwurzelten, erscheint so gerade in der Abwesenheit als Imagination, nach dem Holocaust weiterzuleben.

Wie Bober hat Georges Perec, der 1936 geboren wurde und bereits 1982 starb, eine polnisch-jüdische Familie. Sein Vater verblutete als Soldat im Krieg. Seine Mutter ist trotz Warnungen so selbstbewusst, dass sie den gelben Stern nicht trägt; als Witwe eines Soldaten fühlt sie sich sicher. Es bleibt nicht aus, dass sie bei der Massenrazzia am 16./17. Juli 1942 festgenommen wird – wie 13.132 andere Juden und Jüdinnen – und in das Lager Drancy nördlich von Paris verschleppt wird. Eben vor dieser Razzia waren Robert Bobers Eltern gewarnt worden. Vermutlich wurde Perecs Mutter in Auschwitz ermordet. Georges Perec hat nur wenige Fotos von ihr, die er in seinem bewegenden Buch *W oder die Kindheitserinnerung*[6] minutiös beschreibt. Programmatisch heißt es jedoch: „Ich habe keine Kindheitserinnerungen."[7] Doch Perec hat als Zwölfjähriger einen Text geschrieben, auf den er zurückgreift. W, irgendwo im südlichen Pazifik, nicht weit von Feuerland angesiedelt, ist ein dystopischer Inselstaat, gegründet von Weißen, „Vertreter(n) jener hochmütigen Klasse, die man in den Vereinigten Staaten Wasp nennt".[8] Auf W, dieser unwirtlichen Insel mit steilen Küsten regiert (vernichtet?) nicht die Arbeit, sondern der Sport. Alles ist auf die rigiden Leibesübungen ausgerichtet, olympisch, spartanisch, vollkommen hierarchisch, eine sadistische Willkürherrschaft, aus der es kein Entkommen gibt, keine Revolte, nur Unterwerfung. Mannschaftssportarten gibt es nicht. Jeden Tag können die Organisatoren der Wettkämpfe die Regeln ändern.

Je länger der Autor das System von W entwickelt, umso deutlicher ist: W ist ein riesiges Konzentrationslager. Und, als wolle er sich die Augen reiben, fügt er eine Nachbemerkung hinzu: „Ich habe vergessen, weshalb ich mit zwölf Jahren das Feuerland ausgesucht habe, um dort W anzusiedeln: Pinochets Faschisten haben es auf sich genommen, meiner Wahnvorstellung einen letzten Nachhall zu verleihen: Mehrere Inseln des Feuerlandes sind heute Zwangslager."[9] Setzt seine Erinnerung ein, als er Autonomie gewinnt, indem er den Fokus auf seine Erfin-

---

5 Bober, Robert. *Berg und Beck: Roman.* Übersetzt von Tobias Scheffel. München: Kunstmann, 2000.

6 Perec, Georges. *W oder die Kindheitserinnerung.* Übersetzt von Eugen Helmlé. Bibliothek Suhrkamp 780. Frankfurt a. M.: Suhrkamp, 1982.

7 Ibid. 13.

8 Ibid. 83.

9 Ibid. 98.

dung richtet, die ihn genau dahin zurückbringt, wovon er nichts weiß, um das aber sein Denken und Fühlen kreist: die Totalität der Vernichtung?

Bei der Massenflucht vor den Deutschen in die unbesetzte Zone Südfrankreichs gelingt es der Mutter von Georges Perec noch, für das Kind einen Platz in einem Rot-Kreuz-Transport zu ergattern, der für jüdische Kinder gar nicht vorgesehen ist, sondern nur für verletzte. So wird ihm ein Arm in eine Binde gesteckt, und er kommt „durch", hin- und hergeschoben.

Perecs Suchbewegungen münden in Spaziergänge durch Paris, er sucht Straßen, Häuser, in denen er gewohnt hat. Nicht dass alle, die er sucht, im Krieg zerstört worden sind; Häuser sind abgerissen worden, weil ein Parkplatz gebaut wurde, ein Parkplatz, auf dem Müll herumliegt. Die Banalität der Stadtentwicklung kränkt.

2

An der Nahtstelle, die die Geschichtswissenschaft und den literarischen Umgang mit zeitgeschichtlichen und autobiographischen Stoffen verbindet und trennt, steht ein langer Gedankenstrich. Historiker:innen sind der Objektivität verpflichtet; die Geschichtswissenschaft baut auf Forschung auf, treibt sie fort, auch oder gerade da, wo sie andere Forschungen argumentativ zurechtrückt oder falsifiziert. Kein Zweifel: ohne Forschung keine Wissenschaft, und Wissenschaft braucht Begriffe. Die Geschichtswissenschaft verfügt über objektive Maßstäbe, Literatur hat sie nicht. „Wissenschaftliche Forschung ist darauf angelegt, überholt zu werden",[10] schreibt Dieter Langewiesche in seiner Dankesrede zum Lion-Feuchtwanger-Preis. Und Valentin Groebner nennt die Geschichtswissenschaft eine „Ernüchterungswissenschaft".[11] Trotzdem: Magisches Denken, der Zufall, das Finderglück sind dem Forschen nicht feindlich. Aber spricht man darüber? Historiker:innen schreiben meist für ein Fachpublikum. Leichte Lesbarkeit, stilistische Finesse, ein machtvoller Zugriff, das sind Kriterien, die nicht unmittelbar erwartet werden. Sie gelten als Supplement der Koryphäen ihres Fachs, „die es sich leisten können". Sie bewegen sich in einer Community, um die sie manche Schriftsteller:innen beneiden.

---

10 Langewiesche, Dieter. „Rede zum Lion-Feuchtwanger-Preis: Wie wir Geschichte schreiben". *Süddeutsche.de*, 10. Juli 2024. https://www.sueddeutsche.de/kultur/lion-feuchtwanger-preis-geschichte-historische-prosa-lux.2cJNBfKMbFw1vwKvu2DWg2 (zuletzt am 5.2.2025).

11 Groebner, Valentin. *Zeitverschluss | frozen time: Das Museum als Panikraum | museums as panic rooms*. Vienna Public History Lectures 1, 34. Berlin, Boston: De Gruyter Oldenbourg, 2023.

Literatur hat alle erdenklichen Freiheiten, ja, sie muss sie sich nehmen, will sie bestehen. Sie kann um ihren Gegenstand herumgehen, eine Nah- und Fernsicht erproben, historische Personen sprechen lassen, was und wie sie vermutlich nie gesprochen hätten. Sie kann das leidvoll Individuelle wie Georges Perec und das Allgemeine miteinander verknüpfen, Geschichte von unten und oben, ohne dass alles in einer funktionalen Mitte austariert wird. Erste oder Dritte Person: Das muss sorgsam entschieden werden. Der Zeitzeuge ist die Erste Person in seiner Lebenserzählung. Schriftsteller:innen dagegen haben die Wahl zwischen verschiedenen Pronomen, Sehweisen, Sichtachsen. Wenn sie autobiographisch schreiben, verpflichtet sie nichts zur Objektivität. Sie sind ihrer Erinnerung verpflichtet, und die ist, wie jeder weiß, trügerisch. Erinnerungen sind keine eidesstattlichen Erklärungen. Autofiktionale Texte sind durch Schichten der Überlagerung, auch der Verdrängung, der Abwehr des allzu Schmerzlichen gegangen. „Ich habe keine Kindheitserinnerungen." Ich wünschte mir, dass viele in meinem Gedächtnis gelöscht wären.

Der Historiker Reinhart Koselleck hat die Nahtstelle zwischen wissenschaftlichen und literarischen Texten mit Neid oder doch Bewunderung umschrieben. Er spricht von der „Überlegenheit von Dichtung, mehr über Geschichte aussagen zu können als ein Historiker, der auf Begriffe angewiesen bleibt, jemals zu leisten vermag."[12] Michel Foucault begreift Literatur weder als Nachahmung noch als ästhetische Kombinatorik, sondern als singuläre Erfahrung, als Welterfahrung für den, der sich ihr aussetzt, nicht für das schreibende Individuum. Literatur „lebt nur von dieser immerwährenden Dämmerung und Morgenröte; sie kommt unablässig aus ihrem eigenen Verschwinden als ein unbestimmtes Murmeln zum Vorschein."[13] Foucault begreift hier Literatur vorwiegend als Fiktion, die er projektiv überhöht. Nach dem generalistischen *Diskurs der Philosophie*, vermutlich im Sommer 1969 geschrieben und postum veröffentlicht, wandte er sich in seinem schweifenden Denken den Rändern zu, der Psychiatrie, dem Gefängnis, tendenziell geschlossenen Systemen wie der Insel W, der Schreckensvision von Georges Perec.

Die Geschichtswissenschaft trainiert die Schriftstellerin, die über Exilsituationen, Migration, Remigration und Transite in historischen Konstellationen schreibt, macht sie „fit" für die Kür. Vieles wüsste ich nicht, wenn ich nicht die Arbeiten von Historiker:innen lesen würde. Aber Wissen macht keine Literatur.

---

12 Koselleck, Reinhart. „Vorstellungsrede in der Deutschen Akademie für Sprache und Dichtung" (1980). *Website der Deutschen Akademie für Sprache und Dichtung*, Darmstadt. https://www.deutscheakademie.de/de/akademie/mitglieder/reinhart-koselleck (zuletzt am 5.2.2025).

13 Foucault, Michel. *Der Diskurs der Philosophie*. Übersetzt von Andrea Hemminger, 72. Berlin: Suhrkamp, 2024.

Die Geschichtswissenschaft bietet ein Unterfutter, gibt Hinweise auf sprudelnde Quellen. Und in den Archiven, die ich aufsuche, sitzen dann Historiker:innen, Docs und Postdocs und die Schriftstellerin geschwisterlich auf den harten Stühlen nebeneinander; doch die Historiker:innen sind nach meiner Beobachtung beharrlicher. Sie haben nur noch selten den altmodischen Traum von „der gepolsterten Sitzfläche eines Lehrstuhls“[14], den es zu meiner Studienzeit noch gab, oder wie Hans Magnus Enzensberger die „Produktionsbedingungen und Verwertungsbedingungen“ noch 1973 benannt hat: „gemeinhin Gehaltsempfänger, denen ein Stab von Mitarbeitern und ein Apparat von Arbeitsmitteln zur Verfügung stehen. Die ökonomische Basis solcher Unternehmungen ist die Subvention.“[15] Schön wäre es. Kurz und knapp: Die Wissenschaftler sprechen vom ideellen Gut, die Dichter von der hässlichen, hinkenden Ökonomie.

Wie derjenige, der sich ein Bein gebrochen hat, auf seinen mühsamen Krücken-Spaziergängen nur hinkende Menschen sieht, so sehe ich, seit ich mich mit der Nahtstelle zwischen der Geschichtswissenschaft und der Literatur beschäftige, überall Grenzgänge, eingerissene Zäune oder clevere Maulwurfsspuren von Lebewesen, die sich eingegraben haben in diesem unübersichtlichen Gebiet und vielleicht wieder ans Licht gelangen. So ist es auffällig, dass der Übersichtsband *Geschichte schreiben in der Postmoderne*[16] nach seinen *Beiträgen zur aktuellen Diskussion* im Epilog einen Schriftsteller zu Worte kommen lässt: Claude Simon mit einem Auszug aus *Georgica*[17]. Erinnere Dich! Die Geschichtswissenschaft gebraucht das Verb erinnern nicht als reflexives Verb. Sie erinnert an etwas. Sie braucht ein Objekt.

3

1977: Ein Jahr, bevor Robert Bober und Georges Perec in Ellis Island das Tor zu so vielen Immigranten-Schicksalen in den Vereinigten Staaten öffneten, reiste ich nach New York. 1977: Das war das Jahr der bisher größten Verfinsterung in der Geschichte der Bundesrepublik, ein Jahr, das sich ausdehnte in den *Deutschen*

---

14 Krechel, Ursula. *Mit dem Körper des Vaters spielen: Essays*. Edition Suhrkamp 716, 259. Frankfurt a. M.: Suhrkamp, 1992.

15 Enzensberger, Hans Magnus, Hrsg. *Gespräche mit Marx und Engels. Band 1*. Insel-Taschenbuch 19, XI. Frankfurt a. M.: Insel, 1973.

16 Conrad, Christoph, und Martina Kessel, Hrsg. *Geschichte schreiben in der Postmoderne: Beiträge zur aktuellen Diskussion*, 353–366. Stuttgart: Reclam, 1994.

17 Simon, Claude. *Georgica: Roman*. Übersetzt von Doris Butz-Striebel und Trésy Lejoly. Reinbek bei Hamburg: Rowohlt, 1992.

Herbst. Der Auftakt war: Generalbundesanwalt Buback wurde von einem „Kommando Ulrike Meinhof" in seinem Dienstwagen erschossen. Mit ihm starben sein Fahrer und ein Justizhauptwachmeister. Die *Rote Armee Fraktion* entführte Hanns Martin Schleyer, den Arbeitgeberpräsidenten mit der nationalsozialistischen Vergangenheit. Es folgte die Entführung der Lufthansa-Maschine „Landshut" durch palästinensische Terroristen, die das Ziel hatte, palästinensische Gefangene und elf Mitglieder der *Roten Armee Fraktion* freizupressen. Am Tag nach der Erstürmung der „Landshut" verübten die führenden Köpfe der *Roten Armee Fraktion* Selbstmord. Wenig später gab die RAF die Ermordung (Hinrichtung?) von Hanns Martin Schleyer bekannt. An allen möglichen Orten hingen die Fahndungsplakate mit mehr als einem Dutzend Köpfen der steckbrieflich Gesuchten. Heute, fast fünfzig Jahre später, muss gesagt werden, Studierende, junge Intellektuelle, Künstler, Künstlerinnen und alternativ Lebende standen unter dem Generalverdacht, Staatsfeinde zu sein; das traf eine ganze Generation. Angeheizt wurde die Hetze durch die Springer-Presse. Am Flughafen von Bremen geschah es: Ich wurde festgenommen. Als ich fragte, was man mir vorwarf, deutete einer der Polizisten auf das Fahndungsplakat, dann auf eine der Gesuchten, und mir war klar: Für sie bin ich die Gesuchte, die beschuldigt wurde, neben anderen Verbrechen am Mord von Hanns-Martin Schleyer beteiligt gewesen zu sein, und möglicherweise war der Flug nach Graz, auf den ich wartete, eine Fluchtroute in ein kommunistisches Land. Die Polizei kann mir beweisen, dass ich nicht ich bin. Alle Beweise, dass ich nicht die Gesuchte bin, zählen nicht. Kafka, Kafka rief das Lesegedächtnis. Nun war das Bundeskriminalamt für mich zuständig. Endlich, nach Stunden, kam die Nachricht: Meine Fingerabdrücke stimmten nicht mit denen der Terroristin überein. Gab es eine Entschuldigung? Gefahr im Verzug duldet keine Entschuldigung. Das war Deutschland im *Deutschen Herbst*.

In diesem Herbst wollte ich die Bundesrepublik verlassen, das Land, in dem Augen- und Haarfarbe, Kleidung, Gestus jemanden verdächtig machten, Staatsfeindin zu sein. Aufbruch, Forschungsaufenthalt, das Tasten nach einem Exil – wie immer es genannt werden könnte. Von einer ersten Reise nach New York hatte ich ein paar Adressen übrig behalten, nicht die von Freunden, soweit war es nicht gekommen, eher die von netten Leuten. Ich hatte *travelers cheques* und eine Handvoll Dollar, wechselte einen davon in Kleingeld, suchte einen öffentlichen Telefonapparat und arbeitete meine Liste ab. Peinlich und dumm und hilflos musste es klingen: Ich bin am Flughafen und brauche ein Bett.

Später habe ich viel darüber nachgedacht, mit welcher Leichtfertigkeit, Kopflosigkeit und logistischer Planlosigkeit ich in die USA gereist war. (Vielleicht habe ich ein wenig übertrieben, vielleicht maßlos übertrieben.) Und ich bin ja nicht vertrieben worden, war nicht geflüchtet. Ich hatte nichts zu fürchten, ich hatte nur Furcht gehabt. Dagegen waren meine Recherche-Pläne in New York ausgefeilt. Doch während ich nicht aufhören konnte, über die junge Frau tantenhaft den Kopf zu schütteln, fahndete ich nach dem Motiv, bis ich bei dem Islam-Wissenschaftler Stefan Weidner den Begriff „Selbstentwurzelung"[18] fand. Selbstentwurzelung: Jemand bricht auf, gleich, aus welchen Motiven, politischen oder persönlichen, in meinem Fall aus einer Überlagerung beider Motive.

Selbstentwurzelung: ein individuelles Phänomen, das bei jedem voluntaristischen *Abschied von den Eltern*[19] auftaucht, am eindrücklichsten beschrieben von Peter Weiss, dem jungen Emigranten in Schweden. Es taucht auf beim sozialen Aufstieg durch Bildung, beim Verlassen eines Landes – als eine Chance oder ein schwerer Verlust. Geld, *travelers cheques*, Pass und der heute imaginäre Schlüssel zur Welt: das Handy. Im Berliner ‚Dokumentationszentrum Flucht, Vertreibung, Versöhnung' am Anhalter Bahnhof, von dem viele Flüchtlinge aus Nazi-Deutschland aufgebrochen sind, gibt es eine Vitrine mit staunenswerten Objekten, wie sie wohl bisher als nicht museumswürdig galten:

- ein Samsung-Handy mit einer zersplitterten Oberfläche. Es gehörte Bassem aus Syrien, dem 2015 die Flucht nach Berlin gelang.
- eine defekte SIM-Karte, die er vollkommen überteuert bei einem Straßenhändler auf Lesbos kaufte, Euro-Internet steht darauf und 10 €. Abends merkte er, dass die SIM-Karte nicht funktionierte. Am anderen Morgen, als er sie zurückbringen wollte, war der Händler verschwunden.
- ein abgegriffenes, zerkratztes, mit Klebestreifen geflicktes Handy aus Catania, Besitzer unbekannt. Als die *MS Aquarius* 2016 641 Menschen an Bord nahm, die von der italienischen Küstenwache gerettet worden waren, konfiszierten die Vertreter der Behörden ihre Handys, um nach Schleppern zu fahnden. Eines der Handys ist nicht zurückgegeben worden – „eine Tragödie für den Flüchtling", heißt es in der Bildlegende.

Die unscheinbaren Ausstellungsstücke machen deutlich, wie überlebenswichtig das kleine Ding auf der Flucht geworden ist: So können die Flüchtlinge mit Angehörigen, die um sie bangen, in Kontakt bleiben, Fluchtrouten erkunden und planen, bargeldlos bezahlen. Aber zwei drängende Fragen bleiben ungelöst: Wo ist die nächste Steckdose? Wie bekommt man einen Adapter für den Stecker? Über Flüchtlinge zu schreiben, wie ich es seit langem tue, greift an, lässt die eigene, sichere Existenz reflektieren und beschämt beim Alltagskomfort schweigen.

---

18 Weidner, Stefan: „Antrittsrede in der Akademie für Sprache und Dichtung" (2017). *Website der Deutschen Akademie für Sprache und Dichtung*, Darmstadt. https://www.deutscheakademie.de/de/akademie/mitglieder/stefan-weidner (zuletzt am 5.2.2025).

19 Weiss, Peter. *Abschied von den Eltern: Erzählung*. Edition Suhrkamp 85. Frankfurt a. M.: Suhrkamp, 1961.

4

Als ich diesen Text zu schreiben begann, wollte ich an die Bedingungen erinnern, unter denen Juden, Kommunisten, Sozialdemokraten und andere Gegner des Nationalsozialismus aus Deutschland flüchteten (und an die, denen es nicht vergönnt war zu flüchten). Ich dachte daran, mit welchen Argumenten sie ihre Flucht in einem anderen Land hätten begründen müssen, wären die Aufnahmebedingungen, die die EU seit dem *Dubliner Übereinkommen* 1990/97 festgeschrieben hat,[20] damals schon gültig gewesen. Sie wurden 2003 verschärft in der *Dublin-II-Verordnung*[21] und praktisch ausgehebelt 2013 in der *Dublin-III-Verordnung*.[22] Was hätte das sichere Drittland sein können, das sie registrieren sollte?

Und zurückblickend: Wie lange (oder besser) wie kurz nur waren Länder wie Frankreich, die Tschechoslowakei, Österreich sicher?

Milena Jesenská, eine mutige Prager Journalistin, gemeinhin „Kafkas Milena" genannt, besuchte 1937 eine Unterkunft, in der Flüchtlinge aus Deutschland zum Teil schon seit 1933 lebten:

> „Es sind fremde Menschen, sie sprechen eine fremde Sprache und sie kommen aus einem fremden Land. […] Sie erzählen von sich selbst, wie Leute, die nach einer schweren Krankheit zu einem Gesunden sprechen. Sie lächeln und sagen alles in allem nichts: Denn was sollen sie schon sagen und woher die Worte nehmen? *Aber diese Menschen stehen da und dürfen nicht arbeiten, sie hören die Zeit verrinnen, stehen da und warten auf morgen.*"[23]

---

20 Bekanntmachung über das Inkrafttreten des Übereinkommens über die Bestimmung des zuständigen Staates für die Prüfung eines in einem Mitgliedsstaat der Europäischen Gemeinschaften gestellten Asylantrags, BGBl. 1997 II S. 1452 (1997). https://www.bgbl.de/xaver/bgbl/start.xav?startbk=Bundesanzeiger_BGBl&jumpTo=bgbl297s1452.pdf (zuletzt am 5.2.2025).

21 Verordnung (EG) Nr. 343/2003 des Rates vom 18. Februar 2003 zur Festlegung der Kriterien und Verfahren zur Bestimmung des Mitgliedstaats, der für die Prüfung eines von einem Drittstaatsangehörigen in einem Mitgliedstaat gestellten Asylantrags zuständig ist, ABl. L 50 vom 25.2.2003, S. 1–10. https://eur-lex.europa.eu/eli/reg/2003/343/oj?locale=de (zuletzt am 5.2.2025).

22 Verordnung (EU) Nr. 604/2013 des Europäischen Parlaments und des Rates vom 26. Juni 2013 zur Festlegung der Kriterien und Verfahren zur Bestimmung des Mitgliedstaats, der für die Prüfung eines von einem Drittstaatsangehörigen oder Staatenlosen in einem Mitgliedstaat gestellten Antrags auf internationalen Schutz zuständig ist (Neufassung), ABl. L 180/31. https://eur-lex.europa.eu/LexUriServ/LexUriServ.do?uri=OJ:L:2013:180:0031:0059:de:PDF (zuletzt am 5.2.2025).

23 Jesenská, Milena. *Prager Hinterhöfe im Frühling: Feuilletons und Reportagen 1919–1939*. Herausgegeben von Alena K. Wagnerová. Übersetzt von Kristina Kallert, 251. Göttingen: Wallstein Verlag, 2020.

Milena Jesenskás Schreibhaltung ist die eines grenzenlosen, selbstlosen Mitleids, verbunden mit einer klaren Beobachtungsgabe.

> „Und vier Jahre Emigration sind nicht nur Hunger und Elend, Not, Verlassenheit, Einsamkeit, Heimweh und aufgezwungener Bettelstand, vier Jahre Emigration sind ein schrecklicher, ein unerträglicher Seelenzustand. Mehrheitlich handelt es sich um junge Leute. Arbeiter und Intellektuelle. Diese Menschen verlieren die Möglichkeit, tätig zu sein, sich zu bilden, sich weiterzuentwickeln. Sie verlieren den Kontakt zu ihrem Beruf, hängen im luftleeren Raum, verlieren die Lebensmitte. Es ist nicht nur der Hunger, der entkräftet, es ist auch die aufreibende, zermürbende Warterei. [...] sollen diese Menschen nicht mit der Zeit zu einem Geschwür mitten in unserer Gesellschaft werden, nicht zu einem demoralisierten Element, dann müssen sie die Möglichkeit haben zu leben."[24]

Sie reiste in einen der von „Sudetendeutschen" bewohnten Teile des Landes, in dem Deutschsprachige unter Konrad Henlein und seiner Sudetendeutschen Partei den „Anschluss" herbeisehnten und ihm den Boden bereiteten. Die Westmächte schwiegen in der „Sudetenkrise" und verrieten die Tschechoslowakei, als Hitler das kleine Nachbarland dem Deutschen Reich einverleibte. Die Emigranten aus Deutschland und die tschechischen Juden, Kommunisten und Sozialisten saßen in der Falle. Milena Jesenskás Lebensgefährte war die Flucht gelungen, doch sie schob den Schritt hinaus. Immer noch gab es in Prag Aufgaben, die sie glaubte erfüllen zu müssen. Sie hatte auch gezögert, weil sie das Elend von Flüchtlingen gesehen und beschrieben hatte. Können zum Schweigen Gebrachte reden, um registriert und „anerkannt" zu werden? Milena Jesenská büßte für ihre politischen Überzeugungen und ihre Hilfe für Verfolgte – sie hatte Gefährdeten zur Flucht geholfen –, bis sie selbst verhaftet und in das Konzentrationslager Ravensbrück verschleppt wurde und dort an einem Nierenversagen starb. Ihre Briefe an Franz Kafka sind verschollen. So heißt das immer, wenn die Hinterlassenschaften von Frauen nicht geachtet und bewahrt werden. Kafkas Briefe an sie gab Willy Haas ohne Wissen ihrer Tochter Jana Černá heraus. Im Buch über ihre Mutter schreibt sie, dass sie erst nach ihrem Erscheinen davon erfahren habe.[25]

Die Institutionen, vorwiegend die der Quäker, die 1938 beharrlich darum gekämpft haben, 10.000 Kinder und Jugendliche aus den Ländern unter Naziherrschaft nach England zu lotsen, stehen nun, zwei Generationen später, heldenhaft

24 Ibid. 253–4.

25 Černá, Jana. *Milena Jesenská*. Übersetzt von Reinhard Fischer, 166. Frankfurt a. M.: Verlag Neue Kritik, 1985.

da. Sie haben „gerettet“, und gleichzeitig wird der damaligen englischen Regierung der Vorwurf nicht erspart, sie hätte mehr tun müssen, die Eltern der Kinder ins Land zu lassen oder zumindest die doppelte Zahl von Minderjährigen. In England herrschten Arbeitslosigkeit und eine Angst vor der überwältigenden Macht Nazideutschlands. Doch wer sagt denn, dass hier nicht einmal eine ebenso große Beschämung herrschen wird: Wir hätten mehr Opfer der Taliban, des IS, die Menschen abschlachten, nach Europa lassen müssen. Eine Schuld, deren Last erst die Zukünftigen zu tragen haben – wie viele aus meiner Generation unter der Last der Gleichgültigkeit, des Fatalismus, der Schuld unserer Eltern bis heute leiden. Humanität ist ein Wort, das gestrichen worden ist.

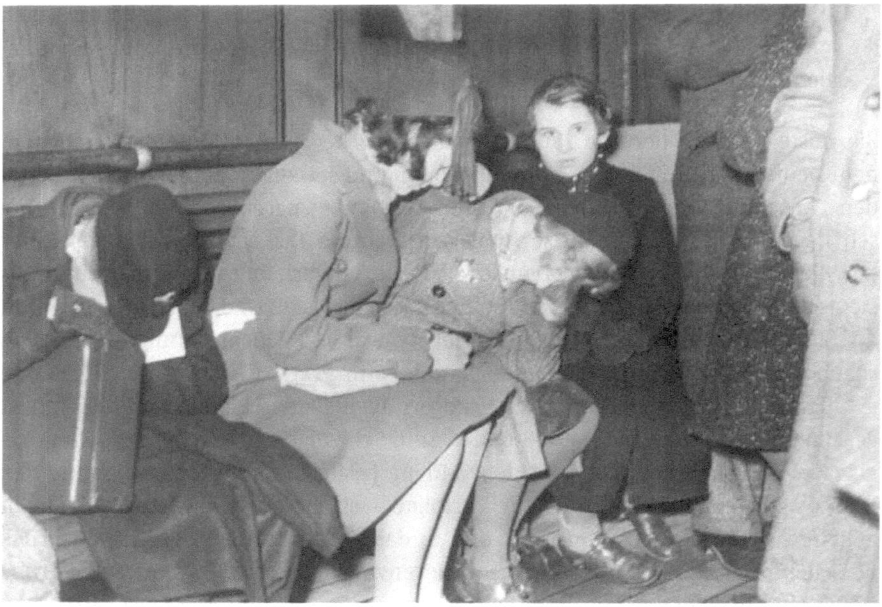

Abb. 2: Jüdische deutsche Flüchtlingskinder im Alter von 12 bis 17 Jahren sind, aus Hoek van Holland kommend, am frühen Morgen in Harwich (Essex) eingetroffen. Für zwei bis drei Wochen werden 5000 Jungen und Mädchen, die vorwiegend aus Berlin und Hamburg geflohen waren, im Ferienlager von Dovercourt, in der Nähe Harwichs, eine Unterkunft finden. Dezember 1938. Bundesarchiv, Bild 183-1987-0928-501 / CC-BY-SA 3.0, CC BY-SA 3.0 de

5

Aber andere kamen zurück nach Deutschland, nach Österreich. Sie waren bereit und mutig genug zu einer Remigration. Niemand hatte auf sie gewartet, im Gegenteil: Sie waren lästig, standen in dauernder Konkurrenz zu den deutschen Flüchtlingen und Vertriebenen aus dem weiten europäischen Osten. Manche hatten die Zeit ihrer Emigration damit verbracht, Pläne zu schmieden, Programme zu entwerfen, Bündnispartner zu suchen für die Aufbauarbeit nach dem Ende der Naziherrschaft.

Frankfurt am Main war die einzige westdeutsche Stadt, die ihre Emigranten zurückrief. Ihr Oberbürgermeister Walter Kolb, ein Sozialdemokrat, hatte unter den Nationalsozialisten unendlich gelitten. Es waren nur fünf Prozent der Emigranten aus Nazi-Deutschland, darunter eine kulturelle und eine politische Elite, die schließlich Remigranten wurden, von deren Erfahrungen niemand etwas wissen wollte. Und sie wurden zum Teil übel aufgenommen, als diejenigen, die nicht in den Bunkern gesessen hatten, als diejenigen, die gegen Deutschland gekämpft hatten, deren Stellen, deren Wohnungen man sich gerne angeeignet hatte, als sie geflohen waren.

Ernst Reuter, der erste Oberbürgermeister der drei Westsektoren Berlins, war nach zweimaliger Konzentrationslager-Haft in die Türkei entkommen und hatte an der Universität Ankara Stadtplanung gelehrt. Remigration: Es drängte ihn zurückzukommen. Von Hannover aus, wo er gestrandet war, schrieb er mit hoffnungsvoller Leidenschaft über ein demokratisches Deutschland, während andere in Deutschland verdruckst in einem Winkel saßen, Wunden leckten und ihre früheren Überzeugungen kleinredeten.

„Nur Freiwillige nach Europa!“ hatte der Regisseur und Dichter Berthold Viertel in der *Austro America Tribune* geraten: „Tüchtige, Brauchbare, an Wissen und Erfahrung Reiche, für die sich gründenden Demokratien Unentbehrliche. Es fehlt nicht an ihnen, ihnen fehlt nur die Reiseerlaubnis, die Reisemöglichkeit.“[26] Als er am 2. Oktober 1949 in Southampton wieder europäischen Boden betrat, war er 62 Jahre alt.

Der Dramatiker Carl Zuckmayer war über die Schweiz und über Kuba 1939 in die USA geflüchtet. 1946 wurde er amerikanischer Staatsbürger. Im selben Jahr reiste er im Auftrag der amerikanischen Regierung nach Österreich und Deutschland, um zu erkunden, wie das Theater wieder auf- und ausgebaut werden könnte, dazu verfasste er einen Bericht über den Stand des kulturellen Lebens. In einer

---

26 Pfäfflin, Friedrich, Hrsg. *Berthold Viertel im amerikanischen Exil: [Ausstellung von Mai – September 1978].* Marbacher Magazin 9, 21–2. Marbach am Neckar: Schiller-Nationalmuseum und Deutsches Literaturarchiv, 1978.

ähnlichen Funktion kam Alfred Döblin im Auftrag der französischen Regierung nach Deutschland. Doch während Döblin in der Uniform eines französischen Offiziers auftrat, was die Deutschen maßlos erregte, reiste Zuckmayer als ein Zivilangestellter. Zuckmayer ist im Gegensatz zu vielen anderen Emigranten – insbesondere Erika und Thomas Mann – der Ansicht, dass es *das andere Deutschland* gibt. Jedenfalls möchte er daran glauben, während er, zurück in den USA, in seinem Bauernhof in Vermont (Woodstock!) die Öfen stocht und, weil kein Tierarzt die Farm erreicht, einer Ziege bei der Totgeburt zweier Zicklein beisteht.

Remigration: Zwischen 1946 und 1955 reist er mehrfach zwischen Europa und den USA hin und her. Sobald er in Deutschland ist, weiß er,

> „daß ich kein Amerikaner bin, obwohl ich in Amerika ein Heim und, draußen in Vermont, eine echte Zugehörigkeit gefunden hatte. Ich empfand immer stärker, daß ich nicht zu denen gehörte, die mich hierher berufen hatten und mich als einen der Ihren betrachteten, sondern zu dem Volk, dessen Sprache und Art die meine war, in dem ich geboren wurde, aufgewachsen bin. Aber auch in Deutschland waren wir nicht wirklich zu Hause. Da war ein Schatten, den man nicht überschreiten konnte, auch der nicht, dem jede ‚schreckliche Vereinfachung', jede Kollektivanklage fremd war: der Schatten eines grausamen Verbrechens, das auch bei anderen Völkern denkbar und möglich gewesen wäre – aber bei dem unseren *war* es geschehen, und gerade bei diesem, wie wir es liebten und weiterlieben, hätte es nicht geschehen dürfen. Ich gehörte nicht zu den ‚Siegermächten', aber auch nicht zu den Besiegten. Jetzt, nach der Wiederkehr, war ich erst wirklich heimatlos geworden und wußte nicht, wie ich je wieder Heimat finden sollte."[27]

Zuckmayer ist der Schriftsteller, der sehr früh und am pointiertesten den millionenfachen Mord als eine Ursache der Entfremdung benennt und beklagt. Dagegen wiegen seine persönlichen Kränkungen und Verluste gering. An Theodor Heuss schrieb er in einem Bittbrief, er habe keine Einnahmen in den USA. Ein Film über die Geschwister Scholl war gescheitert; er hätte gleich 1946 gedreht werden müssen, als es kein Geld und keine Möglichkeiten dazu gab, jetzt sei es zu spät, sagte man ihm – eine perfide Begründung.

Die Wartezeit für die Remigration nach Deutschland betrug noch im Juni 1949 fünf bis sechs Monate, bis alle Formalitäten erledigt waren. Manche Bemühungen scheiterten auch daran, dass in den zerbombten Städten Wohnungen fehlten oder für Flüchtlinge aus dem Osten gebraucht wurden. Sein Theaterstück *Des Teufels*

---

27 Zuckmayer, Carl. *Als wär's ein Stück von mir: Horen der Freundschaft*. Fischer-Bücherei 1049, 472. Frankfurt a. M., Hamburg: Fischer, 1969.

General, am Schauspielhaus Zürich im Dezember 1946 unter der Regie von Heinz Hilpert uraufgeführt und später an vielen deutschen Theatern gespielt, wurde ein Riesenerfolg – auch weil es jede persönliche Schuldzuweisung vermied und die menschliche Verstrickung in ein menschenverachtendes totalitäres System in den Vordergrund rückte. Der Erfolg machte ihn nicht heimisch, auch nicht die Verleihung der Ehrendoktorwürde der Universität Bonn, nicht das Große Verdienstkreuz mit Stern. 1958 beantragt er die österreichische Staatsbürgerschaft, 1966 wird ihm die schweizerische verliehen. Er, der Bodenständige, der schon einmal im Salzburgischen gelebt hat, entscheidet sich für ein Haus im Wallis. Es hätte anders kommen können.

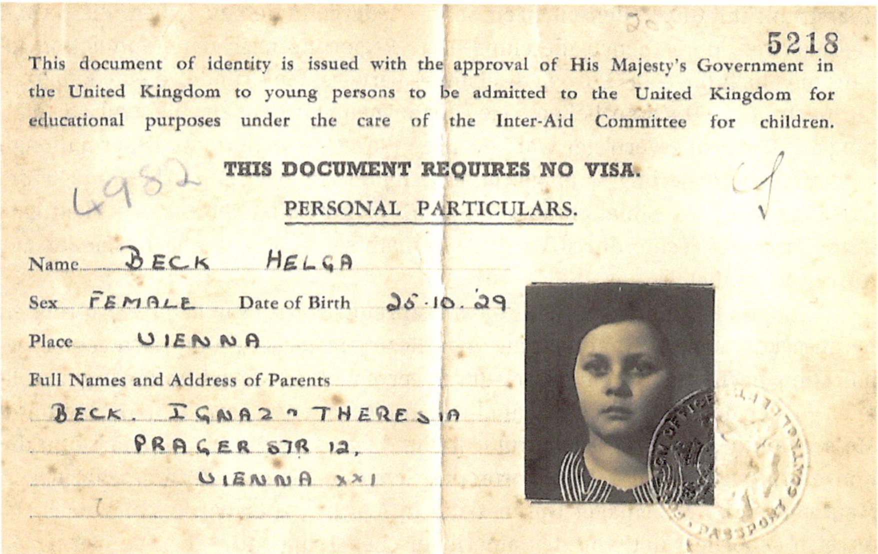

5218

This document of identity is issued with the approval of His Majesty's Government in the United Kingdom to young persons to be admitted to the United Kingdom for educational purposes under the care of the Inter-Aid Committee for children.

4982

THIS DOCUMENT REQUIRES NO VISA.

PERSONAL PARTICULARS.

Name BECK HELGA

Sex FEMALE Date of Birth 25.10.29

Place VIENNA

Full Names and Address of Parents

BECK. IGNAZ u THERESIA
PRAGER STR 12,
VIENNA XXI

Abb. 3: 1939 ausgestelltes Identitätsdokument für die Reise in das Vereinigte Königreich, verwendet von einem Kind auf dem Kindertransport.

Der Wienerin Franziska Tausig und ihrem Mann war es gelungen, ihren einzigen Sohn Otto zu einem Kindertransport nach England zu bringen. Danach blieb ihnen nur die Emigration nach Shanghai; und auch das war ein Glücksfall, weil ein anderes Ehepaar der Reise ins vollkommen Unbekannte den Freitod vorgezogen hatte. Franziska Tausig war in Shanghai Witwe geworden und gehörte zu den ersten der „Shanghailänder", die sich repatriieren lassen wollte. Das bedeutete: Sie, die staatenlos Gewordene, musste sich auf einem Formular zu Österreich bekennen, ehe sie mit dem ersten Schiff mit „Repatrianten", das vom Hafen Shanghai auslief, aufbrechen durfte. Für die Weiterreise von Neapel nach Wien steht nur ein Viehwaggon zur Verfügung. Überwältigend ist es für sie, zum ersten Mal wieder Rebhänge zu sehen und in ein Kümmelweckerl, ein „Bosniakerl"[28] zu beißen, das ein Mann an der Grenze den Heimkommenden aus einem Korb überreicht. In Wien klettert ein alter Herr, Bürgermeister Körner, in jeden der Waggons und dankt allen, dass sie zurückgekehrt sind. „Er sagte das so einfach und natürlich, daß wir seine Worte wie eine freundliche Willkommensgabe genossen."[29]

Es dauert lange, bis ihr Sohn Otto Tausig, der später ein bedeutender Schauspieler wird, sich auf dem Bahnsteig zu ihr vorkämpfen kann. „‚Entschuldigung, gnädige Frau', sagte er sichtlich verlegen, ‚sind Sie vielleicht meine Mama?'"[30] So endet das Buch, so endet der neunjährige Lebensabschnitt des Exils. Zweifellos überstrahlt ihr Glück, den einzigen Sohn wiedergefunden zu haben, die harten Bedingungen, unter denen die chinesische Regierung nach der Kapitulation Japans die Flüchtlinge aus Europa des Landes verwies. Die Gründe, die die Emigranten nach China flüchten ließen, seien nicht mehr vorhanden. Die zynische Haltung der Regierungsvertreter war: Sie seien illegal – ohne Erlaubnis der nationalchinesischen Regierung – eingewandert, hätten in den Jahren 1938–1940 die damalige politische Situation ausgenutzt, als es für China keine Möglichkeit gab, seine Territorialrechte durchzusetzen. Deshalb seien sie wie alle Ausländer zur Ausreise verpflichtet.

Reinhard Florian ist ein Sinto aus Ostpreußen. Nie war er aus Ostpreußen herausgekommen, nicht einmal aus dem Bezirk Insterburg, und nach seiner Deportation, nach seinem Leidensweg durch verschiedene Konzentrationslager wollte er wieder dorthin, zu seiner Familie, den Pferden, den Seen, den Märkten und Messen, auf denen die Pferde begutachtet und verkauft wurden. Und er kennt die Konzentrationslager, die Transporte, das Schuften bis zum Zusammenbruch in Mauthausen, im Nebenlager Gusen, dann in Auschwitz. Er wird zurück nach Österreich deportiert und von den amerikanischen Truppen in Ebensee befreit. Zu diesem Zeitpunkt ist er 21 Jahre alt. Über 18.000 Häftlinge sind noch dort, viele sterben, während die Amerikaner sie aufzupäppeln versuchen. Unbedingt will er zurück nach Ostpreußen, aber Ostpreußen gibt es nicht mehr. Die Potsdamer Konferenz im Sommer 1945 bestätigte nur noch, was faktisch seit dem Vormarsch der sowjetischen Armee geschehen war. Ostpreußen: ein verbranntes, entvölkertes Land, aus dem die Deutschen geflohen oder vertrieben worden waren. Reinhard Florians Mutter, seine Stiefmutter und dreizehn Geschwister sind ermordet wor-

28 Tausig, Franziska. *Shanghai-Passage: Flucht und Exil einer Wienerin*. Biographische Texte zur Kultur- und Zeitgeschichte 5, 147–8. Wien: Verlag für Gesellschaftskritik, 1987.

29 Ibid. 151–2.

30 Ibid. 154.

den. Doch das erfährt er nur sehr viel später. Er ist verschleppt worden, doch nichts wäre ihm lieber als zu re-migrieren – auf seinen eigenen Füßen. Er schafft es bis Bayreuth. Dort rät man ihm, nicht gleich die deutsche Staatsbürgerschaft zu beantragen, die ihm entzogen worden ist. Und daran hält er sich. „Ich war aber erstmal gar nicht versessen darauf."[31] Als einem Staatenlosem, einem Opfer des Faschismus, der von der UNRRA betreut wird, steht ihm neben den Lebensmittelkarten ein Paket mit Lebensmitteln zu. Soll er darauf verzichten? Als er später wieder nach dem Gesetz ein Deutscher werden will, heißt es, er habe die Staatsbürgerschaft doch abgelehnt. Erst 1986 wird er wieder deutscher Staatsbürger; er kann sich nicht genug wundern, dass er für den Einbürgerungsantrag bezahlen muss. 15 Jahre bleibt der junge Mann arbeitsunfähig, und das in einer Gesellschaft, in der blinde Fortschritts- und Wirtschaftsgläubigkeit herrschen – und „keine Experimente" bitte.

Hilde Spiel kommt und kommt nicht. In der Khaki-Uniform der Britischen Armee trifft sie am 31. Januar 1946 in Wien ein. Sie ist gut informiert, reist als Korrespondentin der Wochenzeitung *New Statesman*, und bringt nach zehn Jahren der Emigration in London eine gehörige Portion britischer Rationalität mit. Nicht erst der Anschluss Österreichs an das wahnhafte Großdeutschland hat sie aus dem Land getrieben, sondern bereits der austrofaschistische Ständestaat. *Rückkehr nach Wien. Ein Tagebuch*[32] ist erst 1968 erschienen, nicht in Österreich, sondern in München. Der Verlagstext nennt es zu Recht ein „nur der Form nach als Tagebuch zu bezeichnende(s) Prosawerk" – geschrieben nach Aufzeichnungen in englischer Sprache. Es ist ein dichtes Erinnerungsgewebe über die Zeit vor der Emigration, über Situationen, Orte, auch ein Gedenken an Menschen, deren Lebenserschütterung schon vom Ende des k. u. k. Reiches geprägt war.

> „Das Bewußtsein, hier nicht mehr herzugehören, ist aus Schmerz und Befriedigung gemischt. Die Bomben, die diesen Häusern die Augen ausbliesen, haben nichts mit mir zu tun. Meine Bomben färbten an jenem 8. September den Himmel der City rot, als ich auf das Dach im Vorort stieg, um den feurigen Schein zu betrachten. Meine Bomben löschten eine liebliche Kirche Sir Christopher Wrens nach der anderen aus, verbrannten das Mobiliar meiner großelterlichen Wohnung im Lagerhaus an der Themse, bevor der erste Kriegswinter vorüber war, fielen um die ‚London Clinic' in der Nacht, in der mein

31 Florian, Reinhard. *Ich wollte nach Hause, nach Ostpreußen! Das Überleben eines deutschen Sinto*. Herausgegeben von Uwe Neumärker und Jana Mechelhoff-Herezi, 81. Berlin: Stiftung Denkmal für die Ermordeten Juden Europas, 2012.

32 Spiel, Hilde. *Rückkehr nach Wien: Tagebuch 1946*. München: Nymphenburger Verlagshandlung, 1968.

Sohn geboren wurde, und waren vier Jahre lang die rauhe Begleitmusik meines Lebens. Meine eigene Bombe hatte im Februar 1944 gegenüber meinem Haus eingeschlagen, hatte zwölf Leute getötet und zwanzig verletzt, deren helle scharfe Schmerzensschreie mir noch in den Ohren klingen, und meine Wohnung in eine Mondlandschaft aus zersplittertem Holz und zerschmettertem Glas verwandelt.“[33]

Abb. 4: Kinder eines östlichen Vororts von London, die durch die wahllos abgeworfenen Bomben der Nazi-Nachtjäger obdachlos geworden sind, warten vor den Trümmern ihres ehemaligen Heims. New York Times Paris Bureau Collection. September 1940. Unbekannter Fotograf bzw. keine Angabe, U. S. National Archives and Records Administration, Public Domain

33 Ibid. 18–9.

Die Toten, von denen andere Remigranten vermeiden zu sprechen, sind nach ihrer Auffassung

> „uns so gründlich entzogen, daß es nicht darauf ankommt, ob sie gestern oder vor tausend Jahren gestorben sind. [...] Mit kaltem historischen Interesse suche ich hinter Schutt und Asche eine Epoche, die nicht weniger tief im Schoß der Zeit zu liegen scheint als das Römische Reich.“[34]

Das klingt hart, klingt nach einem rigiden Überlebensprogramm. Sie berichtet von einem jungen Autor – Hans Weigel –, der nicht zögerte, rasch nach seiner Emigration (aus der Schweiz) nach Wien zurückzukehren, wo man ihn „wie den heimgekehrten Sohn einer großen und verlorenen Familie“[35] begrüßte. Ihn hat Wien „wie ein Magnet“[36] angezogen, und das verwundert sie sehr. Sie wiederum zieht es zu ihren Kindern, die in England geboren wurden. Ihre Remigration ist dann eher ein geordneter Umzug, der erst im Jahr 1963 stattfindet, nachdem die *Frankfurter Allgemeine Zeitung*, vertreten durch Marcel Reich-Ranicki, ihr anbietet, Korrespondentin der Zeitung in Wien zu werden. Ihre Weltläufigkeit, ihre Kenntnisse sind unverzichtbar.

6

Remigration als ethnische Säuberung: Wer heute von Remigration schwafelt, zieht das Ansehen dieser Menschen, ihre Verluste, ihre Konflikte in den Dreck, zieht Menschen, die heute in Ländern außerhalb ihres Geburtslandes leben, den Boden unter den Füßen weg, den Boden, auf dem sie sich eine Existenz aufgebaut haben. *Migrare*: weggehen, nicht: weggegangen werden. Es ist nicht so, als wäre bei einem Geheimtreffen in einem Potsdamer Hotel der Begriff Remigration aus dem Hut gezaubert worden. Er kursierte schon lange in postfaschistischen Kreisen – bei Marine Le Pen, bei Giorgia Meloni, im Wahlprogramm der FPÖ[37]. Auch der Bericht des Sächsischen Verfassungsschutzes im Dezember 2023 nennt ihn. Der „Vorschlag“ zur massenhaften Ausweisung von Migranten aus Deutschland rührt an die Grundfesten unserer Gesellschaft. Und wissen wir, ob in den Flüchtlingsun-

34 Ibid. 55–6.
35 Ibid. 79.
36 Ibid.
37 FPÖ. „Festung Österreich. Festung der Freiheit. Wahlprogramm für die Nationalratswahl 2024“. www.fpoe.at. https://www.fpoe.at/fileadmin/user_upload/Bund/Dokumente/NRW2024/Wahlprogramm_A4_Langversion_oS_web.pdf (zuletzt am 2.4.2025).

terkünften nicht längst Oppositionelle dabei sind, Pläne für ihre Länder auszuarbeiten für den Tag, an dem ihr Land eine Perspektive für sie hat?

Etwas flattert am losen Band: *Schlaflosigkeit.*[38] So nennt Berthold Viertel seine Gedichtsammlung aus dem amerikanischen Exil. Nichts ist ihm wirklich gelungen in diesen Jahren. Filmprojekte scheiterten, Regiepläne wurden storniert, eine Vorauszahlung für einen Gedichtband wurde vom Konkurs der Druckerei geschluckt.

Die schlaflose Nacht des Exils – davon schrieb Friedrich Engels in Bezug auf den Emigranten Karl Marx.[39] Das Herzasthma des Exils – Thomas Mann. Er, der die Bedrohlichkeit des Exils als Existenzform – bei vergleichsweise hervorragenden ökonomischen Bedingungen – durchlitt, erfindet diesen Begriff in seinem berühmten Offenen Brief an Walter von Molo *Warum ich nicht zurückgehe!* (später variiert in *zurückkehre*), veröffentlicht in der Emigrantenzeitung *Aufbau* vom 28. September 1945. Auch in deutschen Zeitungen wurde er vielfach nachgedruckt und scharf kommentiert. Thomas Mann benennt „das Herzasthma des Exils, die Entwurzelung, die nervösen Schrecken der Heimatlosigkeit“[40]. Hat er von fern Friedrich Engels gehört? Ein Echo über ein Jahrhundert hinweg? Vermutlich hat er ihn nicht gelesen. Und wenn diese beiden hochprivilegierten Emigranten, der Unternehmer und der Nobelpreisträger, den Schmerz, die chronische Krankheit benennen, wie ist es dann mit denen, die keine Sprache haben oder eine, die nicht einmal ihre Kinder mehr verstehen? Nein, es ist nicht gesund, nie mehr zuhause sein zu dürfen. Viele Exilanten tragen ihren Hausschlüssel bei sich, obwohl vollkommen unwägbar ist, ob sie ihn jemals wieder benutzen können. Er ist eine Art Talisman, der ihnen auch ihre Erinnerungen aufschließt, Möglichkeiten in einer unsicheren Zukunft, vielleicht einer Krankengeschichte oder die eines Neuanfangs unter zufällig glücklichen Umständen, vielleicht erst für ihre Kinder und Kindeskinder.

> Schmerzlos sind wir und haben fast
> Die Sprache in der Fremde verloren.

Diese Zeilen aus dem Gedicht *Mnemosyne* von Friedrich Hölderlin haben mich lange begleitet. Mnemosyne ist die Göttin der Erinnerung, auch der Geschichtswissenschaft.

---

38 Viertel, Berthold. „Schlaflosigkeit. Gedichte 1939 bis 1945“. In *Studienausgabe. Band 3: Das graue Tuch, Gedichte.* Herausgegeben von Konstantin Kaiser, Eberhard Frey. Antifaschistische Literatur und Exilliteratur 9, 305–334. Wien: Verlag für Gesellschaftskritik, 1994.

39 Engels, Friedrich. „An Karl Friedrich Köppen in Berlin am 1.9.1848 aus Köln“. In *Marx-Engels-Werke 27*, 484. Berlin (DDR): Dietz, 1963.

40 Mann, Thomas. „Warum ich nicht nach Deutschland zurückgehe (1945)“. In *Gesammelte Werke. Bd. 12: Reden und Aufsätze: 4*, 2., durchges. Aufl., 953–61, part. 955. Frankfurt a. M.: Fischer, 1974.

Literatur

Bober, Robert. *Berg und Beck: Roman*. Übersetzt von Tobias Scheffel. München: Kunstmann, 2000.

Černá, Jana. *Milena Jesenská*. Übersetzt von Reinhard Fischer. Frankfurt a. M.: Verlag Neue Kritik, 1985.

Conrad, Christoph, und Martina Kessel, Hrsg. *Geschichte schreiben in der Postmoderne: Beiträge zur aktuellen Diskussion*. Stuttgart: Reclam, 1994.

Engels, Friedrich. „An Karl Friedrich Köppen in Berlin am 1.9.1848 aus Köln". In *Marx-Engels-Werke 27*, 484. Berlin (DDR): Dietz, 1963.

Enzensberger, Hans Magnus, Hrsg. *Gespräche mit Marx und Engels. Band 1*. Insel-Taschenbuch 19. Frankfurt a. M.: Insel, 1973.

Florian, Reinhard. *Ich wollte nach Hause, nach Ostpreußen! Das Überleben eines deutschen Sinto*. Herausgegeben von Uwe Neumärker und Jana Mechelhoff-Herezi. Berlin: Stiftung Denkmal für die Ermordeten Juden Europas, 2012.

Foucault, Michel. *Der Diskurs der Philosophie*. Übersetzt von Andrea Hemminger. Berlin: Suhrkamp, 2024.

Groebner, Valentin. *Zeitverschluss | frozen time: Das Museum als Panikraum | museums as panic rooms*. Vienna Public History Lectures 1. Berlin, Boston: De Gruyter Oldenbourg, 2023.

Jesenská, Milena. *Prager Hinterhöfe im Frühling: Feuilletons und Reportagen 1919–1939*. Herausgegeben von Alena K. Wagnerová. Übersetzt von Kristina Kallert. Göttingen: Wallstein Verlag, 2020.

Koselleck, Reinhart. „Vorstellungsrede in der Deutschen Akademie für Sprache und Dichtung" (1980). *Website der Deutschen Akademie für Sprache und Dichtung*, Darmstadt. https://www.deutscheakademie.de/de/akademie/mitglieder/reinhart-koselleck (zuletzt am 5.2.2025).

Krechel, Ursula. *Mit dem Körper des Vaters spielen: Essays*. Edition Suhrkamp 716. Frankfurt a. M.: Suhrkamp, 1992.

Langewiesche, Dieter. „Rede zum Lion-Feuchtwanger-Preis: Wie wir Geschichte schreiben". *Süddeutsche.de*, 10. Juli 2024. https://www.sueddeutsche.de/kultur/lion-feuchtwanger-preis-geschichte-historische-prosa-lux.2cJNBfKMbFw1vwKvu2DWg2 (zuletzt am 5.2.2025).

Lazarus, Emma. „The New Colossus". In *The Oxford Book of American Poetry*, ed. by David Lehman, rev. ed., 2., 184. Oxford: Oxford University Press, 2006.

Mann, Thomas. „Warum ich nicht nach Deutschland zurückgehe (1945)". In *Gesammelte Werke. Bd. 12: Reden und Aufsätze: 4*, 2., durchges. Aufl., 953–61. Frankfurt a. M.: Fischer, 1974.

Perec, Georges. *W oder die Kindheitserinnerung*. Übersetzt von Eugen Helmlé. Bibliothek Suhrkamp 780. Frankfurt a. M.: Suhrkamp, 1982.

Perec, Georges und Robert Bober. *Geschichten von Ellis Island oder Wie man Amerikaner macht*. Übersetzt von Eugen Helmlé, 11. Berlin: Wagenbach, 1997.

Pfäfflin, Friedrich, Hrsg. *Berthold Viertel im amerikanischen Exil: [Ausstellung von Mai – September 1978]*. Marbacher Magazin 9, 21–2. Marbach am Neckar: Schiller-Nationalmuseum und Deutsches Literaturarchiv, 1978.

Simon, Claude. *Georgica: Roman*. Übersetzt von Doris Butz-Striebel und Trésy Lejoly. Reinbek bei Hamburg: Rowohlt, 1992.

Spiel, Hilde. *Rückkehr nach Wien: Tagebuch 1946*. München: Nymphenburger Verlagshandlung, 1968.

Tausig, Franziska. *Shanghai-Passage: Flucht und Exil einer Wienerin*. Biographische Texte zur Kultur- und Zeitgeschichte 5. Wien: Verlag für Gesellschaftskritik, 1987.

Viertel, Berthold. „Schlaflosigkeit. Gedichte 1939 bis 1945". In *Studienausgabe. Band 3: Das graue Tuch, Gedichte*. Herausgegeben von Konstantin Kaiser, Eberhard Frey. Antifaschistische Literatur und Exilliteratur 9, 305–334. Wien: Verlag für Gesellschaftskritik, 1994.

Weidner, Stefan: „Antrittsrede in der Akademie für Sprache und Dichtung“ (2017). *Website der Deutschen Akademie für Sprache und Dichtung*, Darmstadt. https://www.deutscheakademie.de/de/akademie/mitglieder/stefan-weidner (zuletzt am 5.2.2025).

Weiss, Peter. *Abschied von den Eltern: Erzählung*. Edition Suhrkamp 85. Frankfurt a. M.: Suhrkamp, 1961.

Zuckmayer, Carl. *Als wär's ein Stück von mir: Horen der Freundschaft*. Fischer-Bücherei 1049. Frankfurt a. M., Hamburg: Fischer, 1969.

Viertel, Berthold. “Schlaflosigkeit. Gedichte 1939 bis 1945”. In *Studienausgabe. Band 3: Das graue Tuch, Gedichte*. Edited by Konstantin Kaiser, Eberhard Frey. Antifaschistische Literatur und Exilliteratur 9, 305–334. Wien: Verlag für Gesellschaftskritik, 1994.

Weidner, Stefan: “Antrittsrede in der Akademie für Sprache und Dichtung” (2017). *Website der Deutschen Akademie für Sprache und Dichtung*, Darmstadt. https://www.deutscheakademie.de/de/akademie/mitglieder/stefan-weidner (last visited on 5.2.2025).

Weiss, Peter. *Abschied von den Eltern: Erzählung*. Edition Suhrkamp 85. Frankfurt a. M.: Suhrkamp, 1961.

Zuckmayer, Carl. *Als wär's ein Stück von mir: Horen der Freundschaft*. Fischer-Bücherei 1049. Frankfurt a. M., Hamburg: Fischer, 1969.

References

Bober, Robert. *Berg und Beck: Roman*, translated by Tobias Scheffel. Munich: Kunstmann, 2000.

Černá, Jana. *Milena Jesenská*, translated by Reinhard Fischer. Frankfurt a. M.: Verlag Neue Kritik, 1985.

Conrad, Christoph, and Martina Kessel, eds. *Geschichte schreiben in der Postmoderne: Beiträge zur aktuellen Diskussion*. Stuttgart: Reclam, 1994.

Engels, Friedrich. "An Karl Friedrich Köppen in Berlin am 1.9.1848 aus Köln". In *Marx-Engels-Werke 27*, 484. Berlin (DDR): Dietz, 1963.

Enzensberger, Hans Magnus, ed. *Gespräche mit Marx und Engels. Band 1*. Insel-Taschenbuch 19. Frankfurt a. M.: Insel, 1973.

Florian, Reinhard. *Ich wollte nach Hause, nach Ostpreußen! Das Überleben eines deutschen Sinto*. Edited by Uwe Neumärker and Jana Mechelhoff-Herezi. Berlin: Stiftung Denkmal für die Ermordeten Juden Europas, 2012.

Foucault, Michel. *Der Diskurs der Philosophie*, translated by Andrea Hemminger. Berlin: Suhrkamp, 2024.

Groebner, Valentin. *Zeitverschluss | frozen time: Das Museum als Panikraum | museums as panic rooms*. Vienna Public History Lectures 1. Berlin, Boston: De Gruyter Oldenbourg, 2023.

Jesenská, Milena. *Prager Hinterhöfe im Frühling: Feuilletons und Reportagen 1919–1939*. Edited by Alena K. Wagnerová, translated by Kristina Kallert. Göttingen: Wallstein Verlag, 2020.

Koselleck, Reinhart. "Vorstellungsrede in der Deutschen Akademie für Sprache und Dichtung" (1980). *Website der Deutschen Akademie für Sprache und Dichtung*, Darmstadt. https://www.deutscheakademie.de/de/akademie/mitglieder/reinhart-koselleck (last visited on 5.2.2025).

Krechel, Ursula. *Mit dem Körper des Vaters spielen: Essays*. Edition Suhrkamp 716. Frankfurt a. M.: Suhrkamp, 1992.

Langewiesche, Dieter. "Rede zum Lion-Feuchtwanger-Preis: Wie wir Geschichte schreiben". *Süddeutsche.de*, 10. Juli 2024. https://www.sueddeutsche.de/kultur/ (last visited on 5.2.2025).

Lazarus, Emma. "The New Colossus". In *The Oxford Book of American Poetry*, ed. by David Lehman, rev. ed., 2., 184. Oxford: Oxford University Press, 2006.

Mann, Thomas. "Warum ich nicht nach Deutschland zurückgehe (1945)". In *Gesammelte Werke. Bd. 12: Reden und Aufsätze: 4*, 2nd, rev. ed., 953–61. Frankfurt a. M.: Fischer, 1974.

Perec, Georges. *W oder die Kindheitserinnerung*, translated by Eugen Helmlé. Bibliothek Suhrkamp 780. Frankfurt a. M.: Suhrkamp, 1982.

Perec, Georges. *W, or, the Memory of Childhood*, translated by David Bellos. Boston: Godine, 1988

Perec, Georges and Robert Bober. *Geschichten von Ellis Island oder Wie man Amerikaner macht*. Translated by Eugen Helmlé, 11. Berlin: Wagenbach, 1997.

Perec, Georges and Robert Bober. *Ellis Island*. New York: New Press, 1995.

Pfäfflin, Friedrich, ed. *Berthold Viertel im amerikanischen Exil: [Ausstellung von Mai – September 1978]*. Marbacher Magazin 9, 21–2. Marbach am Neckar: Schiller-Nationalmuseum and Deutsches Literaturarchiv, 1978.

Simon, Claude. *Georgica: Roman*, translated by Doris Butz-Striebel and Trésy Lejoly. Reinbek bei Hamburg: Rowohlt, 1992.

Spiel, Hilde. *Rückkehr nach Wien: Tagebuch 1946*. München: Nymphenburger Verlagshandlung, 1968.

Tausig, Franziska. *Shanghai-Passage: Flucht und Exil einer Wienerin*. Biographische Texte zur Kultur- und Zeitgeschichte 5. Wien: Verlag für Gesellschaftskritik, 1987.

sis or a new beginning under fortuitous circumstances, perhaps only for their children and grandchildren.

> We are painless and have almost
> lost our language in a foreign land.

These lines from Friedrich Hölderlin's poem *Mnemosyne* have stayed with me for a long time. Mnemosyne is the goddess of memory, also of historical scholarship.

Migrare: to leave, not to be left. It's not as if the term remigration was conjured up out of thin air at a secret meeting in a Potsdam hotel. It has long been circulating in post-fascist circles – among Marine Le Pen, Giorgia Meloni, in the FPÖ's election manifesto.[37] The report by the Saxon Office for the Protection of the Constitution in December 2023 also mentions it. The "proposal" for the mass expulsion of migrants from Germany is shaking the very foundations of our society. And do we know whether members of the opposition in refugee shelters have long been busy drawing up plans for their countries for the day when their country offers them a future?

Something flutters on the loose ribbon: *Insomnia*.[38] This is what Berthold Viertel calls his collection of poems from his American exile. Nothing truly succeeded for him during these years. Film projects failed, directing plans were canceled, an advance payment for a volume of poetry was swallowed up by the bankruptcy of the printing company.

The sleepless night of exile – this is what Friedrich Engels wrote about in reference to the emigrant Karl Marx.[39] The cardiac asthma of exile – Thomas Mann. He, who endured the threat of exile as a form of existence – under comparatively excellent economic conditions – coined this term in his famous open letter to Walter von Molo, *Why I'm not going back!* (later varied to *returning*) published in the emigrant newspaper *Aufbau* on September 28, 1945. It was also widely reprinted and sharply commented on in German newspapers. Thomas Mann refers to "the cardiac asthma of exile, the uprooting, the nervous terrors of homelessness."[40] Has he heard Friedrich Engels from afar? An echo across a century? Presumably he hasn't read him. And if these two highly privileged emigrants, the entrepreneur and the Nobel laureate, name the pain, the chronic illness, what about those who have no language, or one that not even their children understand anymore? No, it is not healthy never to be allowed to be home again. Many of those exiled carry their house key with them, though it is completely unpredictable whether they will ever be able to use it again. It is a kind of talisman that also unlocks their memories, possibilities in an uncertain future, perhaps an anamne-

---

37 FPÖ. „Festung Österreich. Festung der Freiheit. Wahlprogramm für die Nationalratswahl 2024". www.fpoe.at. https://www.fpoe.at/fileadmin/user_upload/Bund/Dokumente/NRW2024/Wahlprogramm_A4_Langversion_oS_web.pdf (last visited on 2.4.2025).

38 Viertel, Berthold. „Schlaflosigkeit. Gedichte 1939 bis 1945". In *Studienausgabe. Band 3: Das graue Tuch, Gedichte*. Ed. by Konstantin Kaiser, Eberhard Frey. Antifaschistische Literatur und Exilliteratur 9, 305–334. Wien: Verlag für Gesellschaftskritik, 1994.

39 Engels, Friedrich. „An Karl Friedrich Köppen in Berlin am 1.9.1848 aus Köln". In *Marx-Engels-Werke 27*, 484. Berlin (DDR): Dietz, 1963.

40 Mann, Thomas. „Warum ich nicht nach Deutschland zurückgehe (1945)". In *Gesammelte Werke. Bd. 12: Reden und Aufsätze: 4*, 2nd, rev. ed., 953–61, part. 955. Frankfurt a. M.: Fischer, 1974.

> "The awareness of no longer belonging here is a mixture of pain and satisfaction. The bombs that blew out the eyes of these houses have nothing to do with me. My bombs turned the city sky red that September 8th as I climbed onto the roof in the suburbs to gaze at the fiery glow. My bombs obliterated one lovely church of Sir Christopher Wren after another, burned the furniture of my grandparents' apartment in the warehouse on the Thames before the first winter of the war was over, fell around the London Clinic on the night my son was born, and were the harsh background music of my life for four years. My own bomb had struck opposite my house in February 1944, killing twelve people and injuring twenty, whose bright, sharp cries of pain still ring in my ears, and turning my apartment into a lunar landscape of splintered wood and shattered glass."[33]

The dead, whom other remigrants avoid speaking of, are, in her view,

> "so thoroughly removed from our grasp that it doesn't matter whether they died yesterday or a thousand years ago. [...] With cold historical interest, I search behind the rubble and ashes for an era that seems to lie no less deeply in the womb of time than the Roman Empire."[34]

That sounds harsh, sounds like a rigid survival program. She tells of a young author – Hans Weigel – who didn't hesitate to return to Vienna quickly after his emigration (from Switzerland), where he was welcomed "like the returning son of a large and lost family."[35] Vienna attracted him "like a magnet",[36] and this astonishes her greatly. She, in turn, is drawn to her children, who were born in England. Her remigration is more of an orderly move, only taking place in 1963, after the *Frankfurter Allgemeine Zeitung*, represented by Marcel Reich-Ranicki, offered her the position of the newspaper's correspondent in Vienna. Her cosmopolitanism and her knowledge are indispensable.

6

Remigration as ethnic cleansing: Anyone who babbles about remigration today is dragging the reputation of these people, their losses, their conflicts, into the mud, pulling the rug out from under the feet of people who now live in countries outside their country of birth, the very ground on which they have built their lives.

33 Ibid. 18–9.
34 Ibid. 55–6.
35 Ibid. 79.
36 Ibid.

Hilde Spiel comes and doesn't come. Wearing the khaki uniform of the British Army, she arrives in Vienna on January 31, 1946. She is well-informed, traveling as a correspondent for the weekly newspaper *New Statesman*, and after ten years of exile in London, brings with her a healthy dose of British rationality. It wasn't the Anschluss of Austria to the delusional Greater Germany that drove her out of the country, but rather the Austro-fascist corporate state. *Return to Vienna: A Diary*[32] was not published until 1968, not in Austria, but in Munich. The publisher's text rightly calls it "a prose work that can only formally be described as a diary" – written from notes in English. It is a dense web of memories about the time before her emigration, about situations, places, and also a remembrance of people whose lives were already shaken by the end of the Austro-Hungarian Empire.

Fig. 3: Children of an eastern suburb of London, who have been made homeless by the random bombs of the Nazi night raiders, waiting outside the wreckage of what was their home. New York Times Paris Bureau Collection. September 1940. Unknown author or not provided, U. S. National Archives and Records Administration, Public Domain

32 Spiel, Hilde. *Rückkehr nach Wien: Tagebuch 1946*. München: Nymphenburger Verlagshandlung, 1968.

said, visibly embarrassed, 'are you perhaps my mum?'"[30] Thus ends the book, thus ends the nine-year period of her life in exile. Undoubtedly, her happiness at having found her only son again overshadows the harsh conditions under which the Chinese government expelled European refugees after Japan's surrender. The reasons that led the emigrants to flee to China no longer exist. The cynical attitude of the government representatives was that they had immigrated illegally – without permission from the Nationalist Chinese government – and had exploited the political situation of 1938–1940, when China had no means of enforcing its territorial rights. Therefore, like all foreigners, they were obligated to leave the country.

Reinhard Florian is a Sinto from East Prussia. He had never left East Prussia, not even the Insterburg district, and after his deportation, after his ordeal through various concentration camps, he wanted to return there, to his family, the horses, the lakes, the markets and fairs where the horses were inspected and sold. And he knew the concentration camps, the transports, the toil until the collapse in Mauthausen, in the Gusen subcamp, and then in Auschwitz. He was deported back to Austria and liberated by American troops in Ebensee. At the time, he was 21 years old.

Over 18,000 prisoners are still there, many dying while the Americans try to nurse them back to health. He desperately wants to return to East Prussia, but East Prussia no longer exists. The Potsdam Conference in the summer of 1945 only confirmed what had actually happened since the Soviet army's advance. East Prussia: a burned, depopulated land from which the Germans had fled or been expelled. Reinhard Florian's mother, stepmother, and thirteen siblings were murdered.

But he only finds out much later. He has been abducted, but nothing would please him more than to re-migrate – on his own two feet. He makes it to Bayreuth. There he is advised not to immediately apply for German citizenship, which has been revoked. And he sticks to his advice. "But at first I wasn't keen on it."[31] As a stateless person, a victim of fascism cared for by UNRRA, he is entitled to food ration cards as well as a package of food. Should he forgo this? When he later wants to become a German again under the law, he is told that he had rejected citizenship after all. It is not until 1986 that he becomes a German citizen again; he cannot help but wonder why he has to pay for the naturalization application. The young man remains unemployed for 15 years, in a society where blind faith in progress and economics prevails – and "no experiments", please.

---

30 Ibid. 154.

31 Florian, Reinhard. *Ich wollte nach Hause, nach Ostpreußen! Das Überleben eines deutschen Sinto.* Ed. by Uwe Neumärker and Jana Mechelhoff-Herezi, 81. Berlin: Stiftung Denkmal für die Ermordeten Juden Europas, 2012.

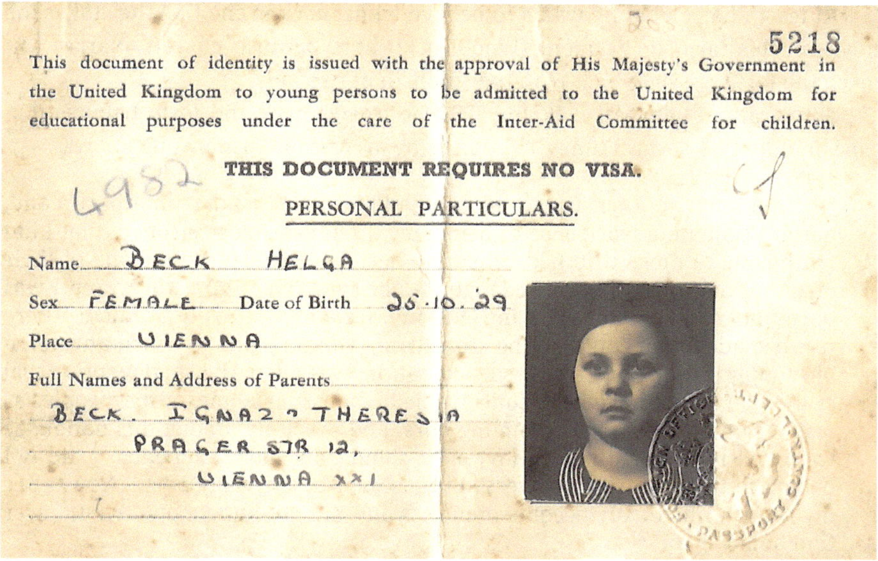
5218

This document of identity is issued with the approval of His Majesty's Government in the United Kingdom to young persons to be admitted to the United Kingdom for educational purposes under the care of the Inter-Aid Committee for children.

4982

THIS DOCUMENT REQUIRES NO VISA.

PERSONAL PARTICULARS.

Name BECK HELGA

Sex FEMALE Date of Birth 26.10.29

Place VIENNA

Full Names and Address of Parents

BECK. IGNAZ & THERESIA

PRAGER STR 12,

VIENNA XXI

Fig. 3: issued Identity Document for travelling to the UK, used by a child on the Kindertransport

A Viennese woman, Franziska Tausig, and her husband managed to bring their only son, Otto, to England on a *Kindertransport* (children's transport). Afterward, their only option was to emigrate to Shanghai; and even that was a stroke of luck, because another couple had preferred suicide to the journey into the unknown. Franziska Tausig became a widow in Shanghai and was one of the first of the "Shanghailanders" to seek repatriation. This meant that she, now stateless, had to declare her allegiance to Austria on a form before being allowed to board the first ship carrying "repatriates" to leave the port of Shanghai. For the onward journey from Naples to Vienna, only a cattle car was available. It is an overwhelming experience for her to see vineyards for the first time again and to bite into a caraway roll, a "Bosniakerl",[28] which a man at the border handed out to those returning home from a basket. In Vienna, an elderly gentleman, Mayor Körner, climbs into each of the train cars and thanks everyone for returning. "He said it so simply and naturally that we savored his words like a friendly welcome."[29]

It takes a long time before her son, Otto Tausig, who later becomes a well-known actor, can fight his way to her on the platform. "'Excuse me, madam', he

---

28 Tausig, Franziska. *Shanghai-Passage: Flucht und Exil einer Wienerin.* Biographische Texte zur Kultur- und Zeitgeschichte 5, 147–8. Wien: Verlag für Gesellschaftskritik, 1987.

29 Ibid. 151–2.

At least, that's what he wants to believe while, back in the USA, he stokes the stoves on his farm in Vermont (Woodstock!) and, because no veterinarian can reach the farm, assists a goat with the stillbirth of two kids.

Remigration: Between 1946 and 1955, he travels back and forth between Europe and the USA several times. As soon as he arrives in Germany, he knows.

> "that I am not an American, even though I had found a home in America and, out in Vermont, a true sense of belonging. I felt ever more strongly that I did not belong to those who had called me here and considered me one of their own, but to the people whose language and ways were mine, in whom I was born and grew up. But even in Germany, we were not truly at home. There was a shadow that could not be crossed, not even the one to which any 'terrible simplification', any collective accusation, was alien: the shadow of a cruel crime that would have been conceivable and possible among other peoples as well – but it had happened among ours, and precisely among this nation, as we loved it and continue to love it, it should not have happened. I did not belong to the 'victorious powers', but also not to the vanquished. Now, after my return, I had truly become homeless and did not know how I would ever find home again."[27]

Zuckmayer is the writer who, very early and most pointedly, identifies and laments the murder of millions as a cause of alienation. In comparison, his personal insults and losses weigh lightly. In a letter of plea to Theodor Heuss, he wrote that he had no income in the USA. A film about the Scholl siblings failed; it should have been shot in 1946, when there was no money or opportunity, but now it was too late, he was told – a perfidious justification.

The waiting period for remigration to Germany was still five to six months in June 1949, until all formalities were completed. Some efforts also failed because there was a lack of housing in the bombed-out cities or because it was needed for refugees from the East. His play *The Devil's General* premiered at the Schauspielhaus Zurich in December 1946 under the direction of Heinz Hilpert and later performed at many German theaters, was a huge success – partly because it avoided any personal blame and foregrounded human entanglement in a contemptuous totalitarian system. His success didn't make him feel at home, nor did the award of an honorary doctorate from the University of Bonn or the Grand Cross of Merit with Star. In 1958, he applied for Austrian citizenship, and in 1966, he was granted the Swiss one. He, a down-to-earth man who had already lived in Salzburg, opted for a house in Valais. Things could have turned out differently.

---

27 Zuckmayer, Carl. *Als wär's ein Stück von mir: Horen der Freundschaft*. Fischer-Bücherei 1049, 472. Frankfurt a. M., Hamburg: Fischer, 1969.

Ursula Krechel

Schlüssel, Pass, Fluchtboot | Key, Passport, Escape Boat

Vienna Public History Lectures

Edited by Marko Demantowsky
in cooperation with the Faculty of Historical and
Cultural Studies of the University of Vienna

Band | Volume 2

Ursula Krechel

Schlüssel, Pass, Fluchtboot | Key, Passport, Escape Boat

Eine Handreichung zur Geschichte der Migration und Remigration |
A Guide on the History of Migration and Remigration

DE GRUYTER
OLDENBOURG

Translation from German by Sarah Ritt (Vienna)
Editorial assistance: Klara Valentina Fritz (Vienna)

ISBN 978-3-11-914634-0
e-ISBN (PDF) 978-3-11-221021-5
e-ISBN (EPUB) 978-3-11-221054-3
ISSN 2940-7222

Library of Congress Control Number: 2025941544

Bibliografische Information der Deutschen Nationalbibliothek
Die Deutsche Nationalbibliothek verzeichnet diese Publikation in der Deutschen Nationalbibliografie; detaillierte bibliografische Daten sind im Internet über http://dnb.dnb.de abrufbar.

The Deutsche Nationalbibliothek lists this publication in the Deutsche Nationalbibliografie; detailed bibliographic data are available on the Internet at http://dnb.dnb.de.

Einbandabbildung | Cover image: [M] Britta Zwarg [Font] Glass Antiqua by Denis Masharov
Satz | Typesetting: bsix information exchange GmbH, Braunschweig
Druck und Bindung | Printing and binding: CPI books GmbH, Leck

www.degruyterbrill.com
Fragen zur allgemeinen Produktsicherheit:
productsafety@degruyterbrill.com

On the Series

Finally, allow me to say a few words about our lecture series, the "Vienna Public History Lectures", which lends its name to the book series of which this is the next volume. Once a year, at the beginning the 'bleak month of November' (Heinrich Heine), the Faculty of Historical and Cultural Studies at the University of Vienna and the chair for Public History invite the public to congregate in the university's grand ceremonial hall. Each year, our mission is to offer some light in the face of the approaching darkness of the winter term by giving a voice to intellectual, albeit academically unorthodox ideas. The aim is to transcend the structures and rules imposed by academic tradition. Let us open the door to what we might call 'intellectual border crossing'! Perhaps it will remind us of the optimistic and (hopefully) still relevant idea of Europe: unrestricted freedom of movement for those whose work is to think; general legalisation of all other contrabands of academic reputation; a friendly and welcoming attitude towards all things foreign so that they may enrich the everyday and the familiar.

In terms of content, this openness is directed towards 'public history', which might be defined as 'the public engagement with history'. Public history has its own history and it continues to generate impactful stories. The origins of these stories tend not to be recognised for what they are; usually, they remain unconsidered. The "Vienna Public History Lectures" are aimed at an interested public; they are by no means strictly academic. Rather, we endeavour to invite speakers who, in their writings, have proven time and again how commonplace but, at the same time, how significant and how invisible these stories are in all our lives. We seek to provide a platform for those who are unafraid of crossing the borders between research and poetry, between science and literature, between freelance profession and academic office. This series aims to transcend the disciplinary boundaries of historical and cultural studies, both internally and externally. We extend an invitation to everyone who is interested to join us and share in this process of public conversation and reflection.

https://doi.org/10.1515/9783112210215-201e

Contents

Marko Demantowsky

To Macedonia, from Bohemia. An Introduction

He was only months away from death when Marcus Tullius Cicero began to reflect more comprehensively on the good life and the end of life. At the end of the last book of his Tusculanae Disputationes, he is preoccupied with the problem of how to properly reflect on involuntary migration. He writes:

> "If, then, honor and riches have no value, what is there else to be afraid of? Banishment, I suppose; which is looked on as the greatest evil. (...) But if to leave one's country be miserable, the provinces are full of miserable men, very few of the settlers in which ever return to their country again. (...) But with regard to banishment, if we examine the nature of things, not the ignominy of the name, how little does it differ from constant travelling! in which some of the most famous philosophers have spent their whole life... who from their first setting-out never returned home again. Now, what ignominy can a wise man be affected with (for it is of such a one that I am speaking) who can be guilty of nothing which deserves it?" (V, 37)[1]

If one replaces the term "exile" with "escape", which should be entirely possible, since successful escape (considered a disgrace by many) is often nothing other than wisely self-imposed exile (in the case of Cicero it was literally so), then Cicero's stoic reflection shimmers in an exciting way.

This once again shows that it is our often inadequately consolidated concepts, that lead us to think and judge, and that not taking our understanding and thus also the negative prejudices that accompany it, for granted, can be helpful in recognizing shared experience where previously there was only a sense of difference and strangeness.

Cicero, who himself was forced into involuntary migration for over a year and a half, undertakes this liquefaction as a means of consolation. The last sentence of the Disputationes, however, speaks of the ineradicability of personal trauma. He writes that "no other relief could be found for our bitter pains and for the various sorrows that beset us from all sides". (V, 41)

Thus, narrating and reflecting help to cope with the strangeness into which one is thrown, if we follow the long-suffering and brilliant Stoic. In any case, no other relief has been found so far.

---

1 Per the translation by Charles Duke Yonge 1877.

https://doi.org/10.1515/9783112210215-001e

Now for a change of scenery. A small, scattered village in Western Bohemia, the ridge of the border mountains (Český les) can be seen in clear weather. The land in this area was not particularly fertile, nor was the climate particularly pleasant. The "Bohemian wind" was and is notorious, when, in not uncommon weather conditions, the cold air of the Bohemian Basin suddenly pours over the ridges of the Erz Mountains and the Upper Palatinate Forest. Farms therefore needed land and distance in between them to sustain their inhabitants. Therefore, from ancient times, the farms were loosely grouped around the heart of the settlement. Experts date the parish church with its St. Catherine's Chapel to the 12th century, but to this day, no one has been able to reliably determine the age of the village itself. No one knows whether there was a pre-Christian settlement here, but the relatively sheltered location on a slight hill, surrounded by sloping fields, suggests this assumption. The village changed owners frequently: Monasteries and local noble families used it as change for their businesses.

Then, the so-called Thirty Years' War plowed through the village and uprooted its inhabitants several times. The old main road between Nuremberg and Prague, the gulden straß (Golden Street) was not far away, with only a patch of woodland in between. It was foraging distance for the troops and plundering distance for anyone with a blade or gun. The usual horrors. The wasteland of the war did not remain uninhabited for long after its end. Since then, a family by the name of Heller has been noted in the new church records. Had they been thrown there in the chaos of war, had they survived? We don't know. In any case, they were poor people, have-nots, who remained in the village for centuries, earning nothing but their meager living. Cottagers, Köbler (farmers). The generations knew happiness and, even more so, suffering. The men consistently hired themselves out as community shepherds, farm workers, field guards. The women died in childbirth or from consumption. Very few children survived their first year.

Two Austro-Hungarian censuses from the second half of the 19th century show the Heller family in apparently somewhat improved circumstances, in a small house with a garden and many children. However, the head of the family, Wenzel, already 53 years old, has enough of poverty in 1900. He had heard of the unlimited opportunities in the imperial metropolis 400 kilometers away. After centuries in the narrow village world of fragile subsistence, they set off one day with all their belongings and children, and arrived in Brigittenau, a cheap, damp suburb of the Reich capital. They had enough money for an apartment and a horse-drawn carriage. In this carriage, Wenzel set off – like Jim Jarmush's character Helmut Grokenberger in the taxi in New York.

One of Wenzel's sons, Anton, had fallen in love with Margarete, a girl from the neighboring village, while still living in rural Bohemia. They kept in touch, wrote letters, and in 1907, he left Vienna to where his lover's family had gone: to the North, to Saxony, across the Ore Mountains. Anton and Margarete's later daughter kept in touch, not with the Bohemian villages, but with Vienna. Her name was Charlotte. In 1942, she visited her uncles, aunts, and cousins in Brigittenau. For her husband lay, wounded by the Rzhev Meat Grinder, in the General Hospital, the AKH, where the university's contemporary history offices are now. This Charlotte told her grandson a lot about Vienna, later, in East Germany. When this grandson later returned to Vienna, he was shocked to realize after a while that he lived less than 300 meters as the crow flies from the house that Wenzel and his family had moved to so many years ago.

We carry such stories with us. The best thing we can do, according to Cicero, is to think about them and tell them. But none of that helps. Severed threads of life are everywhere. Ursula Krechel has been publishing her own collections of poems since the year of the German Autumn, novels and short stories since Ronald Reagan's election as US president. It all began with a play in the year of the coup against Salvador Allende's government, and her essays have accompanied us since the year my mother first started carrying me to daycare on her bike in the morning. How many academies have appointed her to their ranks? A great many. This year's author for the *Vienna Public History Lectures* holds a doctorate in German studies, and she exemplifies the kind of personalities we invite to Vienna once a year for the *Vienna Public History Lecture*: intellectual cross-border scholars between poetry and scholarship. In a poem[2] published in 2010, she wrote:

> "Behind every hill a fault
> Molehills in which the earth's warmth gathers
> An earth tension that is almost unbearable
> Landscape that wears a widow's veil
> And beneath it, who wants to know?
> Farewell never to return and a drift
> Into an inadmissible namelessness.
> Through sound and through the shaking of the membrane:
> Tattered perception, signs set in the sand."

One can read more about this in this little book. And perhaps such a text can weave together something that often remains torn apart these days.

2 Krechel, Ursula. „Daß es einmal so über dich käme". In *Die da. Ausgewählte Gedichte*, 78. Salzburg: Jung und Jung, 2013.

Ursula Krechel

Key, passport, escape boat

A guide on the history of migration and remigration

1

Attention! Here come the emigrants who traveled to the New World in the bowels of the steamships. No one was waiting for them, while they longed for nothing more than *a better life*; a reason for fleeing that is currently being denounced as an imposition, almost immoral.

The bottleneck: Ellis Island, the sandbar off New York in the Hudson River estuary, where the American immigration authorities had set up their tents. Tents – no, huge halls, corridors with offices, washrooms, and dining halls, through which twelve million people were funneled, most between 1892 and 1914. According to the *Immigration Act* of 1882[1], no potentially criminal, mentally disturbed, or physically disabled people were allowed to enter. And in the same year, a second law was passed, the *Chinese Exclusion Act,* which prohibited the entry of Chinese citizens[2]. It was a clearly racist measure; the government feared that these immigrants would “steal” jobs. The immigrants had made the crossing in deplorable conditions with inadequate food in third-class “steerage”, which was actually the cargo hold. Some had to stay on Ellis Island for only a few hours, others for months, and still others were sent back into the unknown. First- and second-class passengers did not have to go through the procedure; they were screened and processed on the ship. The noise, the stench, the vibrating commotion must have been indescribable in the vast halls of Ellis Island. The main registration hall was also called an animal park: bars, gates, and corridors behind wire fences that herded the emigrants exhausted from the crossing together in a rigid order. People from different nations were divided into categories that remained hidden from them, and a large American flag hung at the front. A long list of questions had to be answered with the help of interpreters at one of the *legal desks*. Who paid for your passage? Do you have friends? Do you have family here? Is there anyone who can vouch for you? Are you an anarchist? Medical officers examined people visually. If someone seemed suspicious, they drew a letter on their shoulder:

1 An Act to regulate Immigration, Pub. L. 47–376 (1882).

2 An Act to execute certain treaty stipulations relating to Chinese, Pub. L. No. Pub. L. 47–126 (1882). https://www.congress.gov/47/plaws/statute/c47s1ch126.pdf (last visited on 4.2.2025).

https://doi.org/10.1515/9783112210215-002e

C Conjunctivitis
E Eyes
F Face
H Heart
K Hernia
L Limping (lameness)
SC Scalp
TC Trachoma
X Mental Debility

Since 1914, the number of immigrants decreased as a result of the war, partly due to discrimination decrees. The American poet Emma Lazarus had the planned Statue of Liberty in mind in 1883, when they were still in the fundraising stage for its construction, and she made it the subject of a famous sonnet: *The New Colossus.*[3] She was referring to the Colossus of Rhodes, one of the Seven Wonders of the World, a monumental anti-imperialist gesture.

Fig 1: U. S. inspectors examining eyes of immigrants, Ellis Island, New York Harbor 1913. Underwood & Underwood, Publishers, c1913, https://www.loc.gov/item/97501532/, Public Domain

Yet the Statue of Liberty is a female figure, maternally receiving and welcoming. Emma Lazarus rewrites history, giving the American nation a (preemptive) double perspective: The arrivals see the mighty statue, and the statue sees *the*

3 Lazarus, Emma. "The New Colossus". In *The Oxford Book of American Poetry*, ed. by David Lehman, rev. ed., 2., 184. Oxford: Oxford University Press, 2006.

wretched refuse and addresses those who have become homeless. Emma Lazarus thus alludes to the ongoing discrimination against the new arrivals. She herself, although of Sephardic origin, was particularly committed to the Russian-Jewish immigrants who had fled desperate poverty and constant pogroms.

From 1917 onwards, Ellis Island also began testing immigrants to determine their literacy in their native language. Since 1924, American consulates have handled immigration formalities. This sounds familiar to us, since the EU has been trying to process refugees outside its borders and wants to leave the examination of their grounds for asylum to non-member countries. The small island became a detention center for those without adequate papers. Ellis Island represents, in a sense, the industrial management of immigration flows, a temporary Fordism, saving time and space, exceedingly efficient. Some of the old photographs are reminiscent of Chicago slaughterhouses. Today, Ellis Island is a tourist attraction, a memorial with a museum. For $ 75, you can book a hard hat tour, which includes a visit to *Liberty Island* with the Statue of Liberty and the unrestored parts of the hospital complex. Caution: Not suitable for people with disabilities!

In 1978, Robert Bober and Georges Perec traveled to Ellis Island with the intention of shooting a film. The result is a book with diverse, moving testimonies from people who remember their arrival, caught between hope and fear: "...at one end of the conveyor belt, they place an Irishman, a Ukrainian Jew, or an Italian from Apulia, and at the other end – after examining their eyes, examining their tear sacs, vaccinations, and disinfection – an American emerges[4]", write Robert Bober and Georges Perec.

Robert Bober was born in Berlin in 1931 to Jewish parents who had come from Poland. His parents fled to France in 1933, and he survived in the shadow of the Shoah. After the war, he worked as a tutor for traumatized children whose parents had been deported and wrote a powerful book about it: *Berg und Beck.*[5] The narrator writes letters to a former classmate who was murdered at the age of seven. In his film and writing, Bober persistently explores absence: the absence of those who were deported and killed. The escape to the USA, the new beginning of the uprooted, thus appears precisely in its absence as an imagination of continuing to live after the Holocaust.

Like Bober, Georges Perec, who was born in 1936 and died already in 1982, came from a Polish-Jewish family. His father bled to death as a soldier in the war.

---

4 Perec, Georges and Robert Bober. *Geschichten von Ellis Island oder Wie man Amerikaner macht.* Translated from French by Eugen Helmlé, 11. Berlin: Wagenbach, 1997. English edition: *Ellis Island.* New York: New Press, 1995.

5 Bober, Robert. *Berg und Beck: Roman*, translated from French by Tobias Scheffel. München: Kunstmann, 2000.

Despite warnings, his mother is so self-confident that she does not wear the yellow star; as a soldier's widow, she feels safe. It was inevitable that she was arrested in the mass roundup on July 16/17, 1942 – like 13,132 other Jews – and deported to the Drancy camp north of Paris. Robert Bober's parents had been warned about this very roundup. Perec's mother was presumably murdered in Auschwitz. Georges Perec has only a few photos of her, which he describes in minute detail in his moving book *W, or the Memory of Childhood*[6]. Programmatically, however, he states: "I have no childhood memories."[7] Yet, Perec wrote a text as a twelve-year-old that he draws on. W, located somewhere in the South Pacific, not far from Tierra del Fuego, is a dystopian island nation founded by whites, "scions of that proud class called WASPs in the United States".[8] On W, this inhospitable island with steep coastlines, it's not work that rules (or destroys?), but sport. Everything is geared toward rigid physical exercise, Olympic, Spartan, and completely hierarchical, a sadistic, arbitrary rule from which there is no escape, no revolt, only submission. There are no team sports. Competition organizers can change the rules any day.

The longer the author develops the system of W, the clearer it becomes: W is a gigantic concentration camp. And, as if rubbing his eyes, he adds a postscript: "I have forgotten what reasons I had at the age of twelve for choosing Tierra del Fuego as the site of W. Pinochet's Fascists have provided my fantasy with a final echo: several of the islands in that area are today deportation camps."[9] Does his memory begin when he gains autonomy by focusing on his invention, which brings him back to precisely that which he knows nothing about, but around which his thoughts and feelings revolve: the totality of annihilation?

During the mass exodus from the Germans to the unoccupied zone of southern France, Georges Perec's mother managed to secure a place for her child on a Red Cross transport, which wasn't even intended for Jewish children, but only for the injured. So his arm was put in a sling, and he got "through", shuffled back and forth.

Perec's searches culminated in walks through Paris, searching for streets and houses where he had lived. Not that all of the ones he was looking for were destroyed in the war; houses were demolished to make way for a parking lot, a parking lot littered with garbage. The banality of urban development is insulting.

---

6 Perec, Georges. *W oder die Kindheitserinnerung*, translated by Eugen Helmlé. Bibliothek Suhrkamp 780. Frankfurt a. M.: Suhrkamp, 1982. All following quotations are from David Bellos' translation in the edition of Perec, Georges. W, or, the Memory of Childhood. Boston: Godine, 1988.

7 Ibid. 6.

8 Ibid. 67.

9 Ibid. 164.

2

At the interface that connects and separates historical scholarship and the literary treatment of contemporary historical and autobiographical material, there is a long dash. Historians are committed to objectivity; historical scholarship builds on research, drives it forward, even or especially where it argumentatively corrects or falsifies other research. There is no doubt: without research, there is no science, and science needs concepts. Historical scholarship possesses objective standards, literature does not. “Scientific research is designed to be overtaken”,[10] writes Dieter Langewiesche in his acceptance speech for the Lion Feuchtwanger Prize. And Valentin Groebner calls historical scholarship a “disillusioning science”.[11] Nevertheless: magical thinking, chance, and the luck of discovery are not hostile to research. But is anyone talking about them? Historians usually write for a specialist audience. Easy readability, stylistic finesse, a powerful grasp – these are criteria that are not immediately expected. They are considered a supplement to the luminaries of their field, “who can afford it”. They move in a community that some writers envy.

Literature has every conceivable freedom; indeed, it must take it if it is to survive. It can circumvent its subject matter, experiment with close-up and distant perspectives, let historical figures speak what and how they probably would never have spoken. It can intertwine the painfully individual, like Georges Perec, with the universal, history from below and above, without balancing everything in a functional middle ground. First or third person: This must be decided on carefully. The contemporary witness is the grammatical first person in their life narrative. Writers, on the other hand, have the choice between different pronouns, perspectives and viewpoints. When they write autobiographically, nothing obliges them to objectivity. They are beholden to their memory, and that, as everyone knows, is deceptive. Memories are not affidavits. Autofictional texts have gone through layers of superimposition, even repression, and defense against the all-too-painful. “I have no childhood memories.” I wish many of them were erased from my memory.

The historian Reinhart Koselleck has described the interface between scientific and literary texts with envy, or perhaps admiration. He speaks of the “superiority of poetry in being able to say more about history than a historian who re-

---

10 Langewiesche, Dieter. „Rede zum Lion-Feuchtwanger-Preis: Wie wir Geschichte schreiben“. *Süddeutsche.de*, 10. Juli 2024. https://www.sueddeutsche.de/kultur/lion-feuchtwanger-preis-geschichte-historische-prosa-lux.2cJNBfKMbFw1vwKvu2DWg2 (last visited on 5.2.2025).

11 Groebner, Valentin. *Zeitverschluss | frozen time: Das Museum als Panikraum | museums as panic rooms*. Vienna Public History Lectures 1, 34. Berlin, Boston: De Gruyter Oldenbourg, 2023.

mains dependent on concepts can ever achieve."[12] Michel Foucault understands literature neither as imitation nor as aesthetic combinatorics, but as a singular experience, an experience of the world for the one who exposes themselves to it, not for the writing individual. Literature "lives only from this perpetual twilight and dawn; it continually emerges from its own disappearance as an indeterminate murmur".[13] Here, Foucault understands literature primarily as fiction, which he projectively exalts. After the generalist discourse of philosophy, probably written in the summer of 1969 and published posthumously, he turned in his wandering thought to the margins, to psychiatry, to prison, to systems that tended to be closed, such as the Island of W, the horror vision of Georges Perec.

Historical scholarship trains the writer who writes about exile situations, migration, remigration, and transits in historical constellations, making them "fit" for performance. I wouldn't know much about many things if I didn't read the work of historians. But knowledge doesn't make literature. Historical scholarship provides an underpinning, points to abundant sources. And in the archives I visit, historians, doctoral and post-doctoral researchers and the author sit fraternally side by side on hard chairs; but historians, in my observation, are more persistent. They rarely have the old-fashioned dream of "the padded seat of a professorial chair",[14] which still existed when I was a student, or as Hans Magnus Enzensberger called it, the "conditions of production and exploitation" in 1973: "generally salaried employees who have a staff of employees and an apparatus of tools at their disposal. The economic basis of such enterprises is subsidies."[15] That would be nice. In short: scientists speak of the ideal good, poets of the ugly, limping economy.

Just as someone who has broken a leg sees only limping people on their laborious walks with crutches, so, ever since I began exploring the interface between history and literature, I have seen border crossings everywhere, torn-down fences, or clever mole tracks left by living beings that have burrowed into this confusing territory and may yet emerge again. It is therefore striking that the overview volume *Writing History in Postmodernism*[16], after its *contributions to*

---

12 Koselleck, Reinhart. „Vorstellungsrede in der Deutschen Akademie für Sprache und Dichtung" (1980). *Website der Deutschen Akademie für Sprache und Dichtung*, Darmstadt. https://www.deutscheakademie.de/de/akademie/mitglieder/reinhart-koselleck (last visited on 5.2.2025).

13 Foucault, Michel. *Der Diskurs der Philosophie*, translated by Andrea Hemminger, 72. Berlin: Suhrkamp, 2024.

14 Krechel, Ursula. *Mit dem Körper des Vaters spielen: Essays*, 259. Edition Suhrkamp 716. Frankfurt a. M.: Suhrkamp, 1992.

15 Enzensberger, Hans Magnus, ed. *Gespräche mit Marx und Engels. Band 1,* XI. Insel-Taschenbuch 19. Frankfurt a. M.: Insel, 1973.

16 Conrad, Christoph, and Martina Kessel, eds. *Geschichte schreiben in der Postmoderne: Beiträge zur aktuellen Diskussion*, 353–366. Stuttgart: Reclam, 1994.

the current debate, gives a writer a chance to speak in the epilogue: Claude Simon with an excerpt from *Georgica*[17]. Remember! History does not use the verb "remember" as a reflexive verb. It remembers something. It needs an object.

3

1977: One year before Robert Bober and Georges Perec opened the door to so many immigrants' fates in the United States at Ellis Island, I traveled to New York. 1977: That was the year of the greatest darkness in the history of the Federal Republic, a year that extended into the *German Autumn*. It began with the shooting of Federal Prosecutor General Buback in his official car by an "Ulrike Meinhof Commando". His driver and a court sergeant were also killed. *The Red Army Faction* kidnapped Hanns Martin Schleyer, the employers' association president with a Nazi past. This was followed by the hijacking of the Lufthansa plane "Landshut" by Palestinian terrorists, whose aim was to extort the release of Palestinian prisoners and eleven members of the *Red Army Faction*. The day after the storming of the "Landshut", the leading figures of the *Red Army Faction* committed suicide. Shortly thereafter, the RAF announced the murder (execution?) of Hanns Martin Schleyer. Wanted posters with more than a dozen heads of those wanted were hung everywhere. Today, almost fifty years later, it must be said that students, young intellectuals, artists, and those living alternative lifestyles were under general suspicion of being enemies of the state; this affected an entire generation.

The agitation was fueled by the Springer press. So it happened at Bremen airport. I was arrested. When I asked what I was accused of, one of the police officers pointed to the wanted poster, then to one of the wanted persons, and it became clear to me: For them, I was the wanted person, accused of being involved, among other crimes, in the murder of Hanns-Martin Schleyer, and the flight to Graz I was waiting for might have been an escape route to a communist country. The police can prove to me that I am not me. All evidence that I am not the wanted person counts for nothing. Kafka, Kafka, my reading memory recalled. Now the Federal Criminal Police Office was in charge of me. Finally, after hours, the news came: My fingerprints did not match those of the terrorist. Was there an apology? Imminent danger tolerates no excuse. That was Germany in the *German Autumn*.

That autumn, I wanted to leave the Federal Republic, the country where eye and hair color, clothing, demeanor made someone suspect of being an enemy of

---

17 Simon, Claude. *Les Géorgiques*. Paris: Les Éditions de minuit, 1981. *The Georgics*, translated by Beryl and John Fletcher. Parchment, Mi: Riverrun Press, 1989.

the state. Decampment, research stay, groping for an exile – whatever it might be called. I had retained a few addresses from a first trip to New York, not those of friends – it hadn't come to that, but rather those of nice people. I had *travelers cheques* and a handful of dollars, changed one of them into small change, looked for a public phone, and worked through my list. It must have sounded embarrassing, stupid, and helpless: I'm at the airport and I need a bed.

Later, I thought a lot about the recklessness, thoughtlessness, and logistically unplanned nature of my travels to the USA. (Perhaps I exaggerated a little, perhaps I exaggerated enormously.) And I wasn't expelled, I hadn't fled. I had nothing to fear, I'd only been afraid. In contrast, my research plans in New York were well thought out. But while I couldn't stop shaking my head at the young woman like an aunt, I searched for her motive until I came across the term "self-uprooting"[18] (Selbstentwurzelung) in the work of the Islamic scholar Stefan Weidner. Self-uprooting: Someone sets out, regardless of their motives, political or personal – in my case, a combination of both.

Self-uprooting: an individual phenomenon that emerges with every voluntary *farewell from one's parents*[19], most impressively described by Peter Weiss, the young emigrant in Sweden. It emerges in social advancement through education, in leaving a country – as an opportunity or a grave loss. Money, *travelers cheques*, passports, and today's imaginary key to the world: the mobile phone. In the 'Documentation Centre for Displacement, Expulsion, Reconciliation' at Anhalter Bahnhof, from which many refugees from Nazi Germany left, there is a display case with astonishing objects that were probably previously considered unworthy of a museum:

– a Samsung cell phone with a shattered surface. It belonged to Bassem from Syria, who managed to escape to Berlin in 2015.
– a defective SIM card, which he bought at a completely inflated price from a street vendor on Lesbos. It reads "Euro Internet" and "10 €". That evening, he noticed that the SIM card wasn't working. The next morning, when he tried to return it, the dealer had disappeared.
– a worn, scratched, adhesive-taped cell phone from Catania, owner unknown. When the *MS Aquarius* took 641 people on board in 2016 who had been rescued by the Italian Coast Guard, officials confiscated their cell phones to

18 Weidner, Stefan: „Antrittsrede in der Akademie für Sprache und Dichtung" (2017). *Website der Deutschen Akademie für Sprache und Dichtung*, Darmstadt. https://www.deutscheakademie.de/de/akademie/mitglieder/stefan-weidner (last visted on 5.2.2025).

19 Weiss, Peter. *Abschied von den Eltern: Erzählung*. Edition Suhrkamp 85. Frankfurt a. M.: Suhrkamp, 1961.

search for smugglers. One of the phones was never returned – "a tragedy for the refugee", the caption reads.

The inconspicuous exhibits make it clear how vital this small device has become to survival on the run: It allows refugees to stay in touch with relatives who fear for them, explore and plan escape routes, and pay cashless. But two pressing questions remain unanswered: Where is the nearest electrical outlet? How do you get an adapter for the plug? Writing about refugees, as I have long done, it affects, makes you reflect on your own secure existence and, ashamed, fall silent in the face of everyday comforts.

4

When I began writing this text, I wanted to recall the conditions under which Jews, communists, social democrats, and other opponents of National Socialism fled Germany (and those who weren't allowed to escape). I thought about the arguments they would have had to use to justify their escape to another country if the reception conditions established by the EU since the *Dublin Convention* of 1990/97[20] had already been in place. They were tightened in 2003 with the *Dublin II Regulation*[21] and virtually eliminated in 2013 with the *Dublin III Regulation*[22]. What could have been the safe non-member country that would have registered them?

And looking back: How long (or rather, how briefly) were countries like France, Czechoslovakia, and Austria safe?

---

20 Bekanntmachung über das Inkrafttreten des Übereinkommens über die Bestimmung des zuständigen Staates für die Prüfung eines in einem Mitgliedsstaat der Europäischen Gemeinschaften gestellten Asylantrags, BGBl. 1997 II S. 1452 (1997). https://www.bgbl.de/xaver/bgbl/start.xav?startbk=Bundesanzeiger_BGBl&jumpTo=bgbl297s1452.pdf (last visited on 5.2.2025).

21 Verordnung (EG) Nr. 343/2003 des Rates vom 18. Februar 2003 zur Festlegung der Kriterien und Verfahren zur Bestimmung des Mitgliedstaats, der für die Prüfung eines von einem Drittstaatsangehörigen in einem Mitgliedstaat gestellten Asylantrags zuständig ist, ABl. L 50 vom 25.2.2003, S. 1–10. https://eur-lex.europa.eu/eli/reg/2003/343/oj?locale=de (last visited on 5.2.2025).

22 Verordnung (EU) Nr. 604/2013 des Europäischen Parlaments und des Rates vom 26. Juni 2013 zur Festlegung der Kriterien und Verfahren zur Bestimmung des Mitgliedstaats, der für die Prüfung eines von einem Drittstaatsangehörigen oder Staatenlosen in einem Mitgliedstaat gestellten Antrags auf internationalen Schutz zuständig ist (Neufassung), ABl. L 180/31. https://eur-lex.europa.eu/LexUriServ/LexUriServ.do?uri=OJ:L:2013:180:0031:0059:de:PDF (last visited on 5.2.2025).

Milena Jesenská, a courageous Prague journalist, commonly called "Kafka's Milena", visited a shelter in 1937 where refugees from Germany had been living, some of them since 1933:

> "They are strangers, they speak a strange language, and they come from a strange country. [...] They talk about themselves, like people who speak to someone healthy after a serious illness. They smile and, all in all, say nothing: because what are they supposed to say, and where do they get the words from? *But these people stand there and are not allowed to work; they hear time slipping away, stand there and wait for tomorrow."*[23]

Milena Jesenská's writing posture is one of boundless, selfless compassion, combined with a clear power of observation.

> "And four years of emigration are not just hunger and misery, hardship, abandonment, loneliness, homesickness, and forced beggary; four years of emigration are a terrible, unbearable state of the soul. The majority are young people. Workers and intellectuals. These people lose the opportunity to be active, to educate themselves, to develop further. They lose touch with their profession, hang in a vacuum, lose the center of their lives.
> It is not only hunger that is debilitating, it is also the exhausting, grueling waiting. [...] If these people are not to become a tumor in the midst of our society, a demoralized element, then they must have the opportunity to live."[24]

She traveled to one of the parts of the country inhabited by "Sudeten Germans", where German-speakers under Konrad Henlein and his Sudeten German Party longed for the "Anschluss" and paved the way for it. The Western powers remained silent during the "Sudeten Crisis" and betrayed Czechoslovakia when Hitler incorporated the small neighboring country into the German Reich. The emigrants from Germany and the Czech Jews, communists, and socialists were trapped. Milena Jesenská's partner had managed to escape, but she put off this step. There were still tasks in Prague that she believed she had to fulfill. She had also hesitated because she had seen and described the misery of refugees. Can silenced people speak in order to be registered and "recognized"? Milena Jesenská paid for her political convictions and her support for the persecuted – she had helped those in danger escape – until she herself was arrested and deported to the Ravensbrück concentration camp, where she died of kidney failure. Her letters to Franz Kafka are lost. That's what they always say when women's legacies are not respected and preserved. Willy Haas published Kafka's letters to her with-

23 Jesenská, Milena. *Prager Hinterhöfe im Frühling: Feuilletons und Reportagen 1919–1939*. Edited by Alena K. Wagnerová, translated by Kristina Kallert, 251. Göttingen: Wallstein Verlag, 2020.
24 Ibid. 253–4.

out her daughter Jana Černá's knowledge. In her book about her mother, she writes that she only learned about them after their publication.[25]

The institutions, primarily Quaker ones, that in 1938 fought persistently to lure 10,000 children and young people from Nazi-ruled countries to England stand now, two generations later, heroically in their place. They "saved", and at the same time, the then English government is not spared the accusation that it should have done more to allow the children's parents into the country or at least double the number of minors. In England, unemployment and fear of the overwhelming power of Nazi Germany were rife. But who is to say that an equally great shame won't prevail here: We should have allowed more victims of the Taliban and ISIS, who slaughtered people, into Europe. A guilt whose burden only future generations will have to bear – just as many of my generation still suffer under the burden of indifference, fatalism, and the guilt of our parents. Humanity is a word that has been deleted.

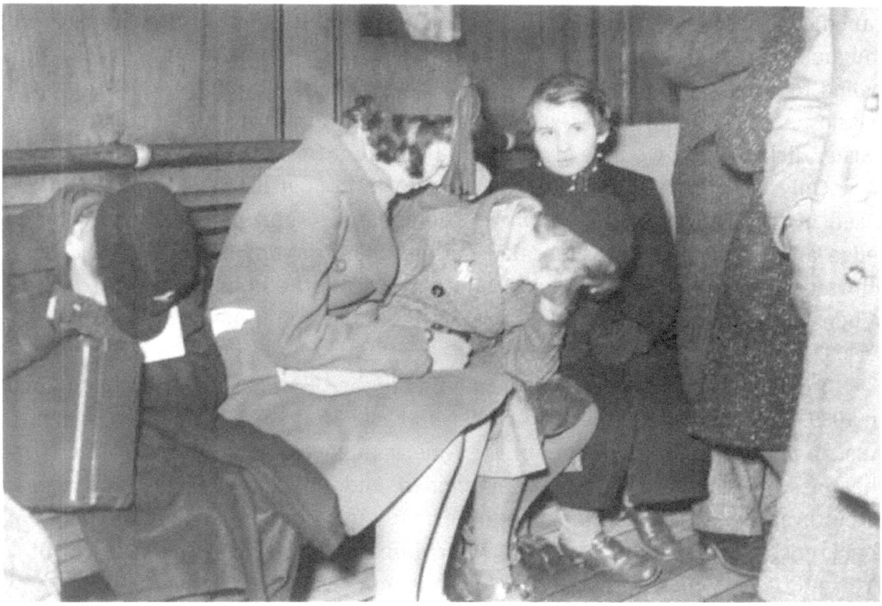

Fig. 2: Jewish German refugee children between the ages of 12 and 17 arrived in Harwich (Essex) early this morning from Hoek van Holland. For two to three weeks, 5000 boys and girls, most of whom had fled from Berlin and Hamburg, will find accommodation in the vacation camp at Dovercourt, near Harwich. December 1938. Bundesarchiv, Image 183-1987-0928-501 / CC-BY-SA 3.0, CC BY-SA 3.0 de

25 Černá, Jana. *Milena Jesenská*, translated by Reinhard Fischer, 166. Frankfurt a. M.: Verlag Neue Kritik, 1985.

5

But others returned to Germany, to Austria. They were ready and brave enough to remigrate. No one had waited for them; on the contrary: they were a nuisance, in constant competition with the German refugees and displaced persons from the far east of Europe. Some had spent their time in exile making plans, drafting programs, and seeking allies for reconstruction after the end of Nazi rule.

Frankfurt am Main was the only West German city to recall its emigrants. Its mayor, Walter Kolb, a Social Democrat, had suffered immensely under the National Socialists. Only five percent of the emigrants from Nazi Germany, including a cultural and political elite, ultimately became remigrants, and no one wanted to know anything about their experiences. And some of them were treated badly, as those who hadn't been in the bunkers, as those who had fought against Germany, whose jobs and homes had been readily appropriated when they fled.

Ernst Reuter, the first mayor of the three western sectors of Berlin, had escaped to Turkey after two periods of concentration camp imprisonment and taught urban planning at the University of Ankara. Remigration: He felt compelled to return. From Hanover, where he was stranded, he wrote with hopeful passion about a democratic Germany, while others in Germany sat subdued in a corner, licking their wounds and downplaying their former convictions.

"Only volunteers to Europe!" the director and poet Berthold Viertel had advised in the *Austro America Tribune*: "Competent, useful people, rich in knowledge and experience, indispensable for the emerging democracies. There is no shortage of them; they only lack travel permission, the opportunity to travel."[26] When he set foot on European soil again in Southampton on October 2, 1949, he was 62 years old.

The playwright Carl Zuckmayer had fled to the USA via Switzerland and Cuba in 1939. He became an American citizen in 1946. That same year, he traveled to Austria and Germany on behalf of the American government to explore how the theater scene could be rebuilt and expanded, and he wrote a report on the state of cultural life. Alfred Döblin came to Germany in a similar capacity on behalf of the French government. However, while Döblin appeared in the uniform of a French officer, which outraged the Germans immensely, Zuckmayer traveled as a civilian employee. Unlike many other emigrants – notably Erika and Thomas Mann – Zuckmayer believes that there is *another Germany*.

---

26 Pfäfflin, Friedrich, ed. *Berthold Viertel im amerikanischen Exil: [Ausstellung von Mai – September 1978]*. Marbacher Magazin 9, 21–2. Marbach am Neckar: Schiller-Nationalmuseum and Deutsches Literaturarchiv, 1978.